CRIME:
O QUARTO SETOR

HELCIO KRONBERG

CRIME:
O QUARTO SETOR

Revisão
Patrizia Zagni

Capa
Sergio Ng

Supervisão
Maxim Behar

Copyright 2006 by Helcio Kronberg

© Copyright 2006 by Hemus

*Todos os direitos adquiridos
e reservada a prioridade literária desta publicação pela*

HEMUS LIVRARIA, DISTRIBUIDORA E EDITORA

Visite nosso site: www.hemus.com.br

Impresso no Brasil / *Printed in Brazil*

Ao nosso sonho de um sistema diferente.

A Anette e Pedro,
molas propulsoras de meu empenho.

To many doors, to little time.
Lewis Carroll

Não quero conseguir a imortalidade por meio de minha obra. Quero consegui-la não morrendo.
Woody Allen

Simpre que enseñes, enseña a la vez a dudar de lo que enseñas.
José Ortega y Casset

Agradecimentos

Aos mestres:

Alice Bianchini,
Arnaldo Faivro Busato Filho,
Carlos Roberto Bacila,
Celso Jair Mainardi,
César Roberto Bittencourt,
Clara Maria Roman Borges,
Dagmar Nunes Gaio,
Fábio André Guaragni,
Felipe Cardoso de Mello Prando,
Fernando da Costa Tourinho Filho,
José Henrique Pierangelli,
Luiz Antônio Câmara,
Luiz Eduardo Trigo Roncaglio,
Luiz Flávio Gomes,
Luiz Renato Skroch Andretta,
Mauricio Kuehne,
René Ariel Dotti,
Rodrigo Chemim Guimarães,

meu muito obrigado pela dedicação e paciência.

Sumário

Nota do editor 15
Prólogo 19
Considerações iniciais 23

CAPÍTULO 1
Teoria econômica do crime 27
1.1 O problema econômico 27
1.2 Análise econômica do crime 29
   1.2.1 Modelo econômico do crime 29

CAPÍTULO 2
A força motriz da conduta criminosa 31
2.1 Análise sob a ótica psicossocial 31
2.2 Relação entre meio e criminalidade 32
2.3 A vida familiar e o crime 33
2.4 A educação e sua influência no comportamento criminal 36
2.5 Amigos e gangues 37
2.6 O crime e a territorialidade, vigilância natural, imagem e meio ambiente 38
2.7 A polícia e o medo da criminalidade 39
2.8 Armas de fogo e sua correlação com a criminalidade 41
2.9 Correlação entre a concentração populacional e a criminalidade 42

13

2.10 A pobreza e o crime 43

CAPÍTULO 3
O modelo econômico do crime........................... 45
3.1. A função oferta, demanda e o ponto de equilíbrio do crime 47

CAPÍTULO 4
A intervenção do Estado na econômica do crime:
as políticas públicas de combate à criminalidade 51
4.1 Políticas públicas 51
    4.1.1 A prevenção 52
    4.1.2 Estratégias 55
    4.1.3 A educação 56
    4.1.4 Os meios de comunicação de massa 57
    4.1.5 A participação cidadã 58
4.2 Despersuasões................................. 59
    4.2.1 A ação socialmente repugnada................. 59
    4.2.2 Tipos de despersuasão 61
        4.2.2.1 *Despersuasão geral e particular*............... 61
        4.2.2.2 *Despersuasão total e marginal* 61
    4.2.3 A efetividade da política de despersuasão 62
4.3 Sanções...................................... 63
4.4 Reabilitação 63

CAPÍTULO 5
A tomada de decisões na economia do crime:
as políticas públicas de combate à criminalidade 67

Conclusões 69

ANEXO 1
Projeto TV Presídio (prevenindo e persuadindo) 73

ANEXO 2
Estatutos da ONG – IRRS............................... 81

ANEXO 3
Regimento interno do – IRRS............................ 89

ANEXO 4
Entrevista com Marcola, chefe do tráfico do PCC 103

Referências Bibliográficas 107

Nota do editor

Embora este livro tenha sido entregue há algum tempo para diagramação e produção, resolvi substituir as notas do editor anteriormente elaboradas por as que agora aqui se encontram, tendo em vista que no mês de maio de 2006, precisamente na cidade de São Paulo, a violência se fez presente. No dia 15 São Paulo parou. Parou por ordem da delinqüência. O cidadão comum sente-se fragilizado, indefeso, sem rumo.

Os formalistas pensam que a faculdade leis mais rígidas teriam de reduzir a incidência de delitos, notadamente os que se caracterizam pela violência contra a pessoa. O resultado, todavia, não é o esperado. Tal lição transborda por todos aqueles que se dedicam ao estudo das ciências criminais e cuidam do crime como fenômeno resultante do desajuste social.

Não pairam dúvidas de que os países que adotam penas mais rígidas, como as de prisão perpétua e de morte, assinalam índices verdadeiramente preocupantes no âmbito da criminalidade violenta, porquanto os delinqüentes tornam-se ainda mais perigosos, quando se vêem à sombra dessas duas sanções, ante a ameaça ou suposição de ser apenado. Os que praticam crimes sujeitos essas penas, pelo ódio incontido, sentem-se imunes a qualquer ameaça, tornando-se conseqüentemente um perigo permanente ao Estado como um todo, posto que presos sabem que o resultado que os espera é um só: a morte.

A luta dantesca pela liberdade, a qualquer preço, obriga os delinqüentes a traçar métodos e maneiras na busca de uma tábua de salvação diante desse mar de incertezas. Esse ódio passa, então, a proliferar dentro das células criminosas, estigmatizando e deformando ainda mais o homem.

Entendemos que a solução destinada a inibir a violência deve merecer um estudo mais rigoroso e científico, para que se possa detectar e identificar as causas e razões do cometimento desses delitos. Nada de soluções superficiais ou maquiagem simbólica no sistema penal, no intuito de transferir para depois o problema de agora.

Nesse diapasão encontra-se o esforço do autor, Hélcio Kronberg. Sua trajetória acadêmica iniciou-se nos bancos da Fundação Getúlio Vargas, na Escola de Administração de Empresas; freqüentou, na Universidade de São Paulo, o curso de Ciências Contábeis; na Pontifícia Universidade Católica de São Paulo, o curso de Economia; na Universidade Tuiuti do Paraná, o curso de Bacharelado em Direito; na Pontifícia Universidade Católica do Paraná, pós-graduação em Direito Internacional; nas Faculdades Curitiba, o curso de pós-graduação em Ciênciais Criminais; na Fundação Getúlio Vargas, o curso de pós-graduação em Direito Econômico; na Universidade Federal de Santa Maria, o mestrado em Direito da Integração Latino Americana e na Universidade Federal de Santa Catarina, o mestrado em Administração – Mudança Organizacional. Autor de vários livros, brinda-nos agora com um estudo inovador, no qual busca exatamente identificar causas e razões dos delitos, analisando sob a ótica econômica, enfocando não apenas da questão patrimonial, mas também sistêmica.

É de notória percepção que a violência urbana continua grassando em alta escala, mesmo após a edição de leis mais rigorosas na punição dos crimes elencados na toada da Lei 8.072, de 26 de junho 1990, e da Lei 8.930, de 6 de setembro de 1994.

Esses delitos, na maioria dos casos, apresentam-se na forma premeditada, tendo os seus agentes a plena consciência da gravidade de suas ações e a das conseqüências das penas a que estarão sujeitos. Não obstante todo esse aparato, a escalada da violência prossegue sem que a máquina estatal obtenha êxito e possa estancar a volúpia da criminalidade.

Sem sombra de dúvida, sabemos que a epidemia delituosa surge e está intimamente ligada à camada do tecido social mais frágil da população e, conseqüentemente, impossibilita uma solução imediata ao homem marginalizado, que reclama melhor oportunidade no mercado de trabalho, visando suprir as necessidades de seus familiares, notadamente, afastar o espectro da fome que o rodeia permanentemente.

Kronberg nos traz essa clareza.

Adotar simplesmente medidas domésticas de combate direto ao criminoso depois da prática do crime, embora saibamos que sejam imprescindíveis à manutenção da ordem e o respeito, não parece representar a melhor solução. Para alcançar a desejada efetividade na redução do crime em dimensões suportáveis, impõe-se urgentemente de adoção a medidas científicas, sugeridas por estudos como este, que realmente se preocupem com as verdadeiras causas do crime e indiquem soluções concretas para conter a escalada preocupante dessa epidemia delinqüencial.

Associada a essa reformulação temos de adotar medidas mais efetivas para minimizar a epidemia e reduzir o crime de incidências endêmicas. Essa talvez seja a mais valiosa contribuição do autor.

Dedicado a valorização do indivíduo e respeito aos preceitos legais, Helcio, advogado, dedica-se a uma organização não-governamental (ONG): Instituto de Reintegração e Reinserção Social (IRRS).

O IRRS tem como principais objetivos trazer o apenado novamente ao convívio social, reinserindo-o à sociedade por meio de programas de capacitação profissional, assistência psicológica e social, prestando auxílio jurídico na substituição e conversão da pena dos indivíduos presos, bem como no acompanhamento processual destes. Além disso, busca retirar do cárcere aqueles condenados que já cumpriram pena e ainda permanecem presos por esquecimento da justiça, propondo *habeas corpus*, revisão criminal e prestando assistência judiciária. Também acompanha o tratamento carcerário de presos, indiciados ou não, para que os direitos e garantias individuais sejam respeitados, sobretudo a integridade física, moral e psicológica, em delegacias, presídios ou quaisquer estabelecimentos utilizados com o fim de privar o indivíduo de sua liberdade.

Nessa trajetória, Helcio foi alvo de severas críticas por seus pares, magistrados, membros do Ministério Público e pela sociedade em geral. Não há apelo popular nesse trabalho voluntário, mas sim a busca pelo justo.

O justo é a única forma de conquistarmos a tão esperada paz social. Entendemos que se todas as propostas formuladas fossem concretizadas, as atuações delituosas, como fatos negativos da desagregação moral, social e política, regridiriam a porcentuais de baixíssima escala de valores, proporcionando, assim, vida digna aos seus membros e preservando o nosso maior bem, que é a própria vida.

Por outro lado, vale ainda ressaltar que de nada adianta uma legislação aparentemente justa se, na prática, sua aplicação jamais conseguirá a sua verdadeira efetividade.

Faz-se urgente a intervenção do Estado no desenvolvimento das políticas sociais que venham minimizar a atual e degrante situação do encarcerado, proporcionado um mínimo de segurança e bem estar.

Como é de conhecimento de todos, o sistema penitenciário nunca conseguirá solucionar completamente essa questão, posto que está intimamente ligada a todo um processo que se inicia com o nascimento mal planejado do indivíduo, com a falta de oportunidades que encontrará em um mercado cada vez mais competitivo, até chegar às raias da violência.

A execução da pena por meio da prisão, na realidade, não reabilita verdadeiramente o indivíduo, tendo em vista que as causas do seu comportamento contrário ao que permite a lei transcendem a esfera de atuação que o sistema prisional deve alcançar.

Ademais, há um fato incontestável: se conseguir sair do cárcere e retornar à sociedade, além da revolta que parece permear a maior parte dos egressos, por certo levará consigo o estigma e os olhares preconceituosos de uma sociedade que lhe nega, na maioria das vezes, oportunidades.

O autor é também idealizador do projeto TV Presídio, em parceria público-privada de educação a distância via satélite, em que apresenta soluções para a capacitação dos apenados.

Mais do que uma obra inovadora, propõe soluções.

Aos que não se entrincheiram, mas lutam por condições melhores de vida a todos, nossas homenagens.

São Paulo, 15 de maio de 2006.

O editor

Prólogo

As mudanças estruturais provocadas pelo regime pós-fordista e a expansão da hegemonia capitalista estão condicionando inevitavelmente a transformação do Direito Penal. É fato incontestável ser impossível vigiar individualmente os agentes sociais. Aliado a esse fator, a necessidade de acúmulo de poder e capital promove a adequação do Direito Penal. Podemos dizer que sua principal finalidade é a de pacificação social e controle dos setores produtivos e não produtivos, tendo em vista as políticas de segurança e ordem públicas.

Sua expansão hegemônica exige o reingresso da teoria de estado de exceção, no formato de guerra ou guerrilha, uma manifestação primária de um Direito Penal militarizado.

Essa expansão tem favorecido o retorno do perigo endêmico e o uso plural de mecanismos preventivos de futuros riscos ao Estado. Esse perpétuo estado de guerra é o Estado desconfiando de tudo e de todos. A guerra, antes reservada à resolução de conflitos entre Estados, vem se consolidando como atividade policial, entretanto contra inimigos sem localização concreta.

O Direito Penal da atualidade possui contradições. Enquanto o sujeito somente responde por lesões aos bens tutelados juridicamente, as penas aplicadas adquirem funções preventivas e não se interrompem as garantias constitucionais. Por outro lado, o agente é emanação de perigo, sendo visto como risco social. Dessas contradições surge um Direito

Penal de exceção, voltado a combater perigos em sua essência, mediante de medidas de segurança e aplicação de penas; um Direito Penal que não valora tão-somente a conduta típica com subsunção ao tipo penal abstrato, mas sim o risco potencial para a sociedade, mesmo que se restrinjam determinados direitos fundamentais.

Curioso observar a expansão que o Direito Penal vem tendo nos últimos anos no setor do ordenamento jurídico, em detrimento de outros, também de controle social. Essa tendência observa-se principalmente nos países da União Européia, emergente em países com tradição jurídico-penal, como Itália e Alemanha, expandindo-se para os demais países, como Espanha, que em 1995 elaborou um novo Código Penal. Essa tendência é paradigma dominante no movimento de reforma penal que se elabora nos países de Primeiro Mundo, sobretudo no que tange ao aspecto sócio-econômico, como o Convênio PIF, relativo à proteção dos interesses financeiros das Comunidades Européias, além das propostas de harmonização do Direito Penal Econômico da União Européia (Eurodelitos).

Nesse sentido, a idéia de redução do objeto do Direito Penal, associada à expressão "Direito Penal Mínimo", tem tido força nos discursos dos juristas e doutrinadores penais nos últimos anos. Se, de um lado, se pretende restringir a seleção de bens juridicamente tutelados àqueles que se classificam como clássicos, à medida que se articulam sobre a base de proteção dos direitos básicos do indivíduo, por outro, o respeito a todas as regras de imputação e os princípios político-criminais de garantia são característicos do Direito Penal clássico.

Nesse contexto, a Escola de Frankfurt critica severamente a decisão de o Direito Penal estender seu objeto além dos limites que tradicionalmente acompanham a proteção dos bens jurídicos clássicos. No fundo dessa crítica reside a idéia básica de evitar uma intervenção do Direito Penal nos novos setores, como a economia, que certamente sacrificaria garantias essenciais ao Estado Democrático de Direito.

Essa contribuição da Escola de Frankfurt se apóia, sobretudo, na formulação de um conceito de bem jurídico-penal meramente individual ou pessoal, em virtude da qual se situariam em primeira linha a tutela penal dos bens juridicamente individuais. Os supra-individuais mereceriam ser objeto de proteção à medida que fossem concebidos como de apenas interesse mediato ou instrumentais a serviço dos indivíduos.

Este livro refere-se à análise do crime sob a ótica da economia. É realizada uma leitura da criminalidade como um mercado, analisando seus agentes, num contexto de escassez, em que se busca maximização das satisfações com a minimização de riscos, à procura do equilíbrio. Parte-se do entendimento do problema econômico, para a seguir descrever o modelo econômico do crime. A força motriz da conduta criminosa é analisada sob a ótica psicossocial, a relação entre meio e criminalidade, vida familiar e crime, educação e sua influência no comportamento criminal, amigos e gangues, crime e territorialidade, vigilância natural, imagem e meio ambiente, polícia e o medo da criminalidade, armas de fogo e sua relação com a criminalidade, a correlação entre concentração populacional e criminalidade e pobreza e crime. O modelo econômico do crime é enfocado pelo estudo da função oferta, função demanda e o ponto de equilíbrio do crime. Desses pressupostos, analisa-se a intervenção do Estado na economia do crime, e, com isso, torna-se possível a tomada de decisões com políticas públicas de combate à criminalidade.

Convido-o, caro leitor, a uma literatura desconfortante.

São Paulo, 15 de maio de 2006
O autor

Considerações iniciais

O crime é um problema para a sociedade, visto que danos são gerados às vítimas e aos seus familiares, assim como à população como um todo, tendo em vista o medo e a insegurança que se produzem ao seu redor. Esse sentimento de insegurança se vê refletido no comportamento dos indivíduos, que alteram substancialmente o modo de viver, a fim de diminuírem as probabilidades de que sejam vítimas de crimes. Uma queda acentuada nos níveis de criminalidade impactaria de certo os investimentos em segurança que os indivíduos promovem. Por outro lado, quando uma pessoa se sente insegura, busca um distanciamento das autoridades e desconfia da capacidade destas. A sensação de segurança que deveria ser proporcionada pela sociedade, na figura de seus líderes, é dada por outros que a substituem, e até mesmo instituições são criadas a fim de assegurar os indivíduos a elas integrados. Não são poucas as ocasiões em que justiça com as próprias mãos é realizada, o que demonstra o desaparecimento da coesão social e do sentimento de participação da vida em sociedade.

O medo da delinqüência leva os indivíduos a buscarm autoproteção, assim como a de seus queridos e dos integrados à comunidade a qual pertencem, movimentando a economia com venda de sistemas de segurança eletrônica, monitoramento e seguros e criando restrições a ser cotidiano, como a saída das casas a partir de determinados horários, refletindo diminuição do custo social de combate à delinqüência, já que são minoradas as oportunidades de atividades delitivas.

A delinqüência e o medo impedem, sob outra ótica, o desenvolvimento econômico.

Em nível microeconômico, a delinqüência reduz a formação de capital humano, tendo em vista que alguns elementos são induzidos a desenvolver suas habilidades criminais, em detrimento de atividades socialmente produtivas. Notam-se, no processo de favelização ocorrido no Brasil, às oportunidades ofertadas aos jovens em tenras idades para contribuição ao narcotráfico, impossibilitando-lhes de acesso a atividades lícitas.

Em nível macroeconômico, reduz a credibilidade do País, minando a confiança, impactando no risco-País, afetando o investimento estrangeiro e proporcionando a fuga de capitais nacionais.

Em estudo aprofundado, as Nações Unidas entendem que o problema do crime, mediante seu impacto na sociedade, impede o desenvolvimento integral das nações, mina o bem-estar espiritual e material das pessoas, compromete a dignidade humana e cria um clima de medo e violência que põe em perigo a segurança pessoal, trazendo erosão à qualidade de vida.

Segundo Mayra et al., é possível dividir os custos da delinqüência em quatro categorias: custos diretos, custos não monetários, efeitos multiplicadores econômicos e efeitos multiplicadores sociais.

Os custos diretos incluem os valores dos bens e serviços usados na prevenção da violência, oferecendo tratamento às vítimas, capturando e castigando os seus agentes. Desta maneira, os custos diretos incluem a polícia judiciária, o Poder Judiciário, as secretarias e ministério da Justiça, incluindo-se aí custos de prisão e detenção, custo de ajuizamento e das ações criminais; gastos com tratamentos médicos (salas de emergência, hospitalização, consultas médicas, procedimentos clínicos, assistência dentária e custos de assistência médico-hospitalar de enfermidades por transmissão sexual), terapia psicológica, albergues, casas de custódia, serviços sociais (capacitação para o trabalho, acompanhamento de liberdade condicional, programas de educação e conscientização), capacitação para a polícia, médicos e assistência pessoal.

Custos não-monetários relacionam-se a dor e sofrimento, o que ocasiona maior mortalidade, incluindo as relacionadas a homicídios e a suicídios, embora a perda de um arrimo de família geralmente acarrete desequilíbrio social e necessidade de inserção dos demais membros da família no mercado de trabalho, inclusive em situações sub-humanas, o que pode trazer menor sobrevida aos familiares. Também se incluem nesses custos o abuso de álcool e drogas e as desordens depressivas.

Os efeitos multiplicadores econômicos identificados são: impactos macroeconômicos no mercado de trabalho e na produtividade, menor participação da mulher no mercado de trabalho, menor produtividade no trabalho, redução no ingresso de capital externo, maior ausência, impactos da produtividade mediante repetição de cursos e de menor desempenho educacional dos menores em idade escolar, menores investimentos e capacidade de desenvolvimento e fuga de capital.

Por fim, os efeitos multiplicadores sociais referem-se a: impactos nas relações interpessoais e na qualidade de vida, no ensino das atividades delitivas aos familiares, redução da qualidade de vida, erosão do capital social, menor participação no processo democrático e maior alienação dele e a improdutividade pela sensação de medo.

Zaffaroni[1] foi contundente ao prefaciar a edição argentina da obra de Messuti[2], afirmando que

"os penalistas transitam em cidades fantasmagóricas, com paisagens de plástico, pousando o olhar sobre árvores de papelão e seus animais cênicos, num espaço ermo, onde a vida se esgotou antes de nascer".

Refere-se ao mundo penal, onde o tempo é medido a partir do tempo de ninguém, onde se priva o tempo a um humano que se constrói como não-humano, porque se pressupõe que, antes de cometer um delito, lê o código penal para saber por quanto tempo de oferta ao mercado poderá ser privado e se determina isso de acordo por meio de um cálculo de rentabilidade e risco.

---

1 ZAFFARONI, Raul Eugênio. **Tratado de derecho penal**. Edias, Buenos Aires, 1982.
2 MESSUTI, Ana. **O tempo como pena**. RT, São Paulo, 2003.

CAPÍTULO 1
Teoria econômica do crime

Para se analisar as falhas do mercado que justificam as ações governamentais nas decisões dos agentes econômicos, é fundamental conhecer os mecanismos do mercado e suas relações com o crime. Como o crime tem interação com a economia, o entendimento do problema econômico é essencial.

1.1 O problema econômico

A economia é a ciência que estuda os recursos escassos existentes e a maneira como podem maximizar a satisfação das pessoas, dadas as suas necessidades e desejos ilimitados.

Um ramo da economia é a microeconomia, que estuda as decisões que fazem os indivíduos em condições de escassez. Famílias, empresa e governo são objetos de estudo da microeconomia, sob a ótica de como individualmente buscam alcançar o bem-estar social, dadas as restrições.

Outro ramo é a macroeconomia, que se dedica ao estudo dos agregados econômicos, tais como produto interno bruto, produto nacional bruto, inflação, nível de desemprego etc.

Nosso foco será em nível microeconômico, tendo em vista que poderemos traçar perfis sobre conduta criminal ante a alterações de leis, regulamentos, programas, preços, oportunidades e custos da delinqüência e do delinqüente em potencial. Assim sendo, uma análise microeconômica consiste em predizer o comportamento do indivíduo dadas suas preferências e restrições. É primordial fundamental da economia é que os indivíduos são racionais e, dessa forma, decidem fundamentados em custos e benefícios, maximizando seu prazer, sua satisfação.

Fundamental entender que três conceitos norteiam essa análise: a escassez, a eficiênciao e o equilíbrio. A decisão dos indivíduos depende da escassez dos recursos, que é a confrontação de desejos ilimitados com recursos limitados. A escassez obriga o ser humano a eleger: as pessoas, em geral, querem satisfazer seus desejos e certamente preferem ter mais a ter menos (imaginemos bens gratuitos), entretanto não podem dispor de uma quantidade infinita de bens. É importante salientar que os recursos não se limitam a bens monetários, pois é comum pensar que há pessoas que contam com dinheiro suficiente, e, também, encontram escassez. Os recursos financeiros não são infinitos (motivo pelo qual os países ricos também podem atravessar situações com recursos escassos). Além disso, os recursos materiais ou monetários não são os únicos pelos quais estamos restringidos. Um recurso muito importante é o tempo.

Por outro lado, a eficiência é um objetivo primordial da ciência econômica, pressuposto de racionalidade que nos leva diretamente ao conceito de eficiência. Decidimos que os indivíduos tratam de alcançar seus objetivos da menor maneira possível, dadas as restrições que enfrentam. Existe um conceito de eficiência conhecido como *ótimo de Pareto*. Nesse sentido, uma situação é um ótimo de Pareto se não é possível que outra situação suscite ao menos que uma pessoa melhore sem que outra piore segundo esse ponto de vista, nenhum agente econômico teria incentivos para mudar sua situação tendo em vista que alguém seria afetado.

O último conceito essencial é o do equilíbrio. É descrito sucintamente como o objetivo primordial da economia. Equilíbrio é uma situação em que interagem os agentes econômicos de maneira que todos eles estejam maximizando seus benefícios, tomando decisões ótimas.

Eleição é um conceito-chave na economia, dados os escassos recursos e fins múltiplos. Os agentes econômicos estão constantemente elegendo que fim satisfazer. Cada eleição significa um sacrifício, deixar de fazer algo significa um custo. Conceito fundamental associado é o de *custo de oportunidade*. O custo de oportunidade representa o sacrifício que se incorre quando se toma uma decisão. Nesse sentido, é sempre a segunda melhor alternativa que um indivíduo tem ao enfrentar uma eleição.

1.2 Análise econômica do crime

A visão abordada no item 1.1 pode ser de grande utilidade para a análise do crime[3], sob a ótica econômica.

1.2.1 Modelo econômico do crime

Para o crime, em primeiro lugar é necessário que os pretensos autores que calculam e se comportam racionalmente estejam motivados a maximizar sua utilidade. Em segundo lugar, a informação pertinente ao que se quer obter, como gostos, preços e condições de mercado[4]. Em terceiro lugar há a hierarquia de preferências, que significa que os agentes ordenam suas preferências de acordo com seus gastos, que são exógenos e preestabelecidos. Em quarto lugar, encontram-se os custos de transação que estão relacionados com a idéia de *perda da utilidade*[5]. Em quinto lugar, as limitações institucionais que tomam a forma de incentivos ou restrições para o intercâmbio entre os membros da sociedade[6]. Finalmente, os produtos sociais, que surgem no momento em que o intercâmbio se processa.

---

3   Crime, nesse sentido, é unicamente a conduta contrária à disposição penal legal.
4   Não há apenas referência ao crime patrimonial. De maneira geral, todos os recursos são escassos. Os desejos são obtidos com custos e em determinadas condições. Para saciar a lascívia, o estuprador pode não ter boa feição, condições materiais para a sedução, não ser de classe social emergente que proporcionaria o acesso à vítima sem que fosse necessária a violência para sua satisfação sexual.
5   Um trabalhador que decide entre a utilidade do salário e a inutilidade de trabalhar, sob a ótica de que os frutos de seu trabalho convertem-se em riqueza a terceiros e não para si.
6   São as regras da comunidade em que vivem.

No caso do modelo aplicado ao comportamento criminal, os envolvidos seriam, por um lado, os potenciais delinqüentes, que tratam de maximizar sua utilidade, levando em consideração os custos e benefícios esperados por cometimento de um crime, e, por outro, os membros da sociedade, vítimas do delito, que buscam também a maximização dos benefícios de prevenção ou não de delitos.

Ao mencionarmos a informação, referimo-nos ao conhecimento de que os agentes desse mercado, o mercado do crime, são detentores das informações necessárias. O delinqüente sabe da e crê nela, possibilidade de ser capturado e da severidade da condenação criminal, entretanto estima o valor que tem o objeto em questão e os custos em que incorre ao cometer o crime. Entretanto, em geral, não conhece com precisão os recursos disponíveis à vítima, que pode estar mais protegida do que ele imagina.

Em relação às preferências, estas são pré-determinadas para o indivíduo, pois o que é importante estudar é o sistema de incentivos e restrições que faz o delinqüente perceber a realidade e medir a conseqüência do dano a produzir, analisando oportunidades e custos. Os custos de transação seriam, por um lado, o tempo dos recursos que perde o delinqüente ao planejar e realizar um delito, e, por outro, os recursos despendidos pela sociedade para proteger-se do mesmo.

As limitações institucionais são as regras que a sociedade desenhou para o bom viver. No caso do crime, o sistema legal determina a rentabilidade das atividades ilícitas. Ao falarmos em crime, estamos referindo-nos à violação de instituições que são as que ferem e atentam os custos dos criminosos. As leis marcam o preço para o demandante de oportunidades criminosas.

Os produtos sociais se dão no momento do intercâmbio, da convivência, decidindo-se quando se alcança o equilíbrio entre a oferta e a demanda. No mercado do crime, esse momento de dá quando se pratica o crime, quando se perfaz ou se exaure.

CAPÍTULO 2
A força motriz da conduta criminosa

2.1 Análise sob a ótica psicossocial

A criminologia, desde sua origem, busca explicações para o fenômeno do crime. A vida familiar, o meio social, a educação, a distribuição da renda, a supremacia do poder, o desenvolvimento psicológico e intelectual dos indivíduos são fatores que influenciam a conduta criminosa de uma ou de outra maneira. Aliás, afirmar essas causas sociais, culturais e antropológicas, assim como as econômicas, é lugar-comum.

Indiscutivelmente, a família, o grupo de amigos e os valores da comunidade afetam o comportamento delitivo. Uma política governamental deve levar em consideração essas disfunções das famílias, a fim de torná-las socialmente saudáveis. Entender o crime não é simplesmente subsumir a conduta delitiva a um tipo penal anteriormente definido e punir os agentes. É necessário que essa transformação se dê em grande escala, legítima, amparada pelos preceitos de uma sociedade liberal e democrática. E a participação da sociedade é imprescindível, tendo em vista que se objetiva mitigar a questão da delinqüência e da insegurança. Esse trabalho, em especial, busca instrumentalizar tal transformação mediante a perspectiva da ciência econômica.

2.2 Relação entre meio e criminalidade

As Nações Unidas realizaram um estudo em 64 países, compreendido entre 1970 e 1975[7], que levou em conta o número de crimes, dividindo-os por sexo e grupos de idade, analisando-os por categoria e as alterações nos padrões delitivos, fazendo diversas observações sobre o controle e prevenção de crimes nos países estudados. Os resultados são extremamente interessantes. Em primeira análise, os crimes patrimoniais são substancialmente mais numerosos do que os crimes contra as pessoas e aqueles que envolvem drogas (álcool, drogas alucinógenas e tráfico de entorpecentes). Entretanto, sendo o país em análise em desenvolvimento ou subdesenvolvido, os crimes praticados contra as pessoas praticamente se igualam aos crimes contra patrimônio.

Naquela época, ainda sob a cortina de ferro, os países comunistas sofriam com crimes contra as pessoas, mas com o aumento da industrialização e urbanização, crimes contra a propriedade passaram a ser substancialmente maiores do que os demais[8].

O que se percebeu é que os governos ditatoriais, ao abrirem gradualmente seus mercados e iniciarem os processos de modernização, tinham aumentadas suas taxas de criminalidade, em especial os crimes patrimoniais, criando a necessidade de consumo dos despossuídos[9].

---

7   Report of the secretary general on crime prevention and control, 1977. U.N. Report A/32/199. 22 Set. 1986 In: WILSON, Véase James Q:, HERRNSTEIN, Richard J. **Crime and human nature.** Simon and Shuster, New York, 1986.
8   SHELLEY, Louise. **Crime and modernaization:** the impact of industrialization and urbanization on crime. Siu Press, New York, 1981.
9   WILSON, Véase James Q.; HERRNSTEIN, Richard J. Op. cit., cap 15.

2.3 A vida familiar e o crime

Os crimes, geralmente, podem distinguir-se por sua impulsividade, agressividade e baixo nível de sociabilidade. Essas características de um indivíduo poderiam ser majoradas ou atenuadas pelo seio familiar, dado que este tem papel decisivo na genealogia da delinqüência[10].

Com freqüência, uma situação de conflito familiar, sem que o indivíduo tenha o respaldo de moral e modelos de virtude, sendo educado para evitar os males sociais, é ambiente propício para o desenvolvimento de uma personalidade anti-social de delinqüência. Essa socialização se pode definir como um processo mediante o qual a criança adquire ou não os comportamentos, vivências e motivos valorados pela família e a cultura do meio em que está inserida.

Nesse sentido, a psicologia tem demonstrado que o meio ambiente funciona como um fator que molda a personalidade dos indivíduos e ajuda a explicar como respondem a situações pontuais. O meio pode ser fator criminológico, não só porque influi na multiplicação das situações delitivas, mas também porque fomenta a estruturação das personalidades criminosas. Um delito, portanto, indica a existência de certas qualidades psicossociais diferentes em cada indivíduo, associada a uma personalidade, em ambiente e lugar específico, para que se leve a cabo um crime. Nesse sentido, conclui-se que a psicologia se interessa em ressaltar que o estudo da conduta delitiva deve estar sempre em função da personalidade e do meio social no qual o indivíduo se relaciona, afetando-o positiva ou negativamente.

Dessa forma, três elementos determinam o grau de socialização de uma pessoa, que, segundo Wilson e Herrnstein[11] são:

a) apegamento ou adesão: define-se como nexo afetivo que se forma entre a criança e a figura paterna ou materna. Esse elemento determina o grau em que se deseja a aceitação dos demais;

---

10 Ibidem.
11 Ibidem.

b) alargamento do horizonte de planejamento: determina a capacidade de calcular futuras conseqüências de uma ação.
c) consciência: determina a capacidade de autoflagelação ou autopremiação.

Em relação ao primeiro elemento, defende-se a idéia de que uma situação de coesão familiar, de disciplina materna e paterna, de afetividade materna e paterna, previne, de certa maneira, o desenvolvimento de uma conduta delitiva no indivíduo. Por outro lado, a disciplina severa e irregular, arbitrária, a hostilidade ou a indiferença, a ausência de unidade familiar, associa-se normalmente a um prognóstico sombrio em relação ao comportamento individual.

A evidência mostra[12] que há pouca possibilidade de que se forme o nexo de adesão[13] aos pais depois dos três anos e meio de idade se a figura materna estiver ausente[14].

É importante mencionar um estudo[15] em que se verifica que o relevante no comportamento criminal de jovens de 17 anos era a experiência em relação a uma família desestruturada em tenra idade, independentemente de que na adolescência tenha convivido em família integrada (com as figuras materna e paterna presentes)[16].

A teoria do abandono material postula duas afirmações: a primeira é de que a criança necessita de afeto maternal e a segunda afirma que a falta de afeto desenvolve no indivíduo o desvio de conduta para a prática delituosa[17].

É essencial para o bom desenvolvimento da criança que sua relação com sua mãe seja qualitativamente benéfica (carinhosa), íntima e contínua (ou quem ocupe esse lugar). O abandono maternal caracterizar-se-ia

---

12   PROVENCE, S. LIPTON, R. S. **Infants in institutions.** New York International University Press, New York, 1962.
13   GOLDFARB, W. **Effects of early institutional care on adolescent personality.** Grune and Straton, New York, 1943.
14   AINSWORTH, M. D. **The development of infant-mother attachment.** University of Chicago Press, Chicago, 1962, pp. 1-94.
15   KELLAM, S. ENSMINGER, M. TURNER, J. **Family structure and the mental health of children.** Archives of general psychiatry 34, Ohio, 1977, pp. 1012-1022.
16   KELLAM, S. ADAMS, R. BROWN, H. *et al.* **The long term evolution of the family structure of the teenage and older mothers.** Journal of marriage and the family 44, Ohio, 1982, pp 59-554.
17   FELDMAN, H. **Comportamiento criminal.** México: Fondo de cultura económica, 1977, p. 59.

como o estado em que a criança não tem essa relação[18] e se considera a separação materna e o abandono paterno simultâneos como significativas causas da delinqüência[19].

Essa teoria do abandono afirma que a união mãe-filho não é somente um fator necessário para uma adequada formação da conduta pessoal, mas sim uma condição suficiente para ele. Isso não significa dizer que por mais essencial que seja, sua falta obrigatoriamente determinará o comportamento criminal de uma pessoa.

Patterson[20] afirma que ao estudar o comportamento de crianças potencialmente delitivas no Centro de Aprendizagem Social de Oregon, elas não tiveram de seus pais a proibição do uso da força e que os comportamentos maléficos à sociedade não eram reprimidos. Ora, o que se percebe desse estudo é que são fomentadores das condutas delituosas, do pai em relação ao filho:

a) nenhuma importância dada pelo pai às condutas dos filhos;
b) quando o pai não tem tempo nem disposição para monitorá-lo;
c) quando algo maléfico à sociedade não é enxergado pelo pai como tal;
d) quando não tem a inclinação nem os meios para castigar o filho.

Nesses estudos demonstra-se que é possível a transmissão da conduta delituosa. Em geral, a presença de um delinqüente na família faz com que outros sejam produzidos. Isso é de se esperar, tendo em vista que os pais exercem influência no comportamento dos filhos. O comportamento dos pais é, compreendido pelos filhos, aprovado e seguido.

Não se pode deixar de destacar outro tipo de família conflituosa que é aquela em que há maltrato das crianças. Dessa forma, os laços afetivos não se formam. George e Main[21] afirmam que há correlação direta

---

18 BOWLY, P. SALTER-AINSWORTH, M. apud FELDMAN, H. **Comportamiento criminal.** México: Fondo de Cultura Económica, 1977.
19 Ibidem
20 PATTERSON, G. **Coercitive family process.** Oregon: Casta Publishing Co, 1982.
21 GEORGE & MAIN. **Social interactions of young abused children:** approach avoidance and aggression. San Francisco: Child development, 1979.

entre crianças maltratadas e comportamento anti-social[22], propiciando um comportamento agressivo[23]. O maltrato diminui o sentimento de busca de recompensa ou de satisfação na convivência social[24]. Oportuno observar que crianças maltratadas se convertem em pais que maltratam[25]. Nesse sentido, conclui-se que a criança maltratada terá maior inclinação a cometer atos anti-sociais[26], em sua maioria, atos ilícitos[27], assim definidos em lei[28].

É evidente que o exposto lastreia-se em relações espúrias e não em relações de causalidade. A evidência que busca o nexo de causalidade direto entre a criança maltratada e a criminalidade posterior não é tão clara.

2.4 A educação e sua influência no comportamento criminal

Educação, para fins dessa análise, não é apenas a educação formal, oferecida nos bancos escolares, mas significa toda e qualquer interação que expõe o indivíduo, fazendo com que tenha postura crítica aos fatos e às situações vivenciadas. A família tem, evidentemente, papel destacado, tendo em vista que é a principal transmissora dos valores culturais da sociedade, assim como unidade infracultural. É a responsável pela per-

---

22 GERNSTER. COSTER. WEISS. **Communicative behavior and symbolic play in maltreated toddlers.** Massachussets: Department of psychology — Harvard University Review, 1983.
23 Nesse mesmo sentido, ENGELAND. SROUFE. **Development sequelea of maltreatment in infancy:** Developmental perspectives of child maltreatment. San Franscico: Jossey-Bass, 1981.
24 BURGESS. CONGER. **Family interaction in abusive neglectful and normal families.** San Franscico: Jossey-Bass, 1978.
25 SPINETA. RIGLER. **The child abusing parent: a psychological review.** Massashussets: Psychological Publish, 1972.
26 DUNCAN. FRAZIER. LITIN. **Etiological factors in first degree murder.** Journal of American Medical Association 168, New York, 1958, p. 1755-1758.
27 KING. **The ego and the integration of violence in homicidal youth.** American Journal of Orthopsychiatry 45, South Lake, 1975, p. 134-145.
28 DUNCAN. DUNCAN. **Murder in family: a study of some homicidal adolescents.** American Journal of Psychiatry 127, New Orleans, 1971, p. 74-78.

petuação das condutas socialmente aprovadas pela sociedade. Pessoas com problemas de comportamento e de baixo rendimento escolar são mais propensas a cometer fatos delitivos[29].

A relação entre mau rendimento escolar e comportamento criminal tem três possíveis causas:

a) o baixo nível intelectual, que induz às crianças a abandonar a escola ou pelo menos a render menos;
b) o temperamento infantil, demonstrado por ansiedade, introversão e agressividade, que reduz o aproveitamento da educação tradicional;
c) inexistência de laços de adesão, proporcionando a falta de respeito à autoridade.

Rutter[30] afirma que o comportamento criminal se explica, em parte, pela influência da escola. Nesse sentido, poder-se-ia considerar as seguintes variáveis:

a) teoria do rótulo (*labeling theory*): pessoas com certos estereotípicos, como baixo nível intelectual, podem ser excluídas em razão de serem catalogadas como incapazes, afetando diretamente sua auto-estima. Isso faz com que busquem indivíduos de características semelhantes, tendendo todos a um comportamento anti-social, já que a sociedade não os admite.
b) teoria da subcultura: dado que a sociedade não admite esses indivíduos, eles se aglutinam, formam seus próprios valores, dissociados da cultura tradicional.

---
29 WILSON. HERRNSTEIN. Op. cit. p. 266
30 RUTTER. Family, area and school influences in the genesis of conduct disorders, agression and antisocial behavior in childhood and adolescence. Oxford: Pergamon Press, 1978, p. 95-113.

2.5 Amigos e gangues

Amizades influenciam sem sombra de dúvida os elementos do mesmo grupo de convívio.

Em se tratando de gangues, ou seja, grupos voltados para atividades criminosas, os valores sociais são alterados a fim de que sejam recompensados e incentivados os indivíduos para as práticas delituosas. Hirschi[31] afirma que jovens e crianças que rodeiam e observam os atos delituosos das gangues são poucos influenciáveis. Esses bandos se autodeterminam, e apenas o paradigma externo serve como base para a transgressão das normas do grupo.

Os laços com os companheiros do grupo ou gangue são gerados pela substituição dos laços que não encontram em suas casas, com seus pais e familiares. Dessa forma, infere-se que as crianças que se convertem em criminosos crônicos estão fortemente condicionadas a seguir o comportamento delituoso muito antes de serem recepcionadas pelo seio da gangue.

2.6 O crime e a territorialidade, vigilância natural, imagem e meio ambiente

Há uma estreita relação entre crime e espaço físico. Newman[32] explica a teoria do espaço defensável, que, em suma, é a possibilidade de as pessoas se defenderem dado um espaço físico determinado. Dessa teoria, inferem-se três fatores determinantes para a política pública:

a) territorialidade: as pessoas, assim como os animais, percebem certos lugares como seu espaço próprio, entendendo que nele são legítimas para defender a si e seus companheiros, além da propriedade. É a autotutela.

---
31 HIRSCHI. **Causes of deliquency.** California: University of California Press, 1969.
32 NEWMAN, Oscar. **Defensible space:** crime prevention through urban design. New York: MacMillan Press, 1972.

b) Vigilância natural: a observação do crime pode aumentar desenhando-se o uso do espaço para incrementar o número de "olhos na rua". Isto ajuda sobremaneira a imposição da lei e serve como reprimenda (não-incentivo) para o cometimento de atos ilícitos.

c) Imagem e meio ambiente: a imagem é importante, pois o delinqüente percebe áreas desprotegidas e vulneráveis.

Essa teoria aumenta o controle social informal reduzindo o crime. Entretanto, não há evidências empíricas que sustente que nos arredores de determinada região geográfica reduzem-se substancialmente as taxas de criminalidade, como sustentado. Murray[33] afirma que o que acontece é que se reduz o temor pelo crime, dando-se falsa sensação de segurança.

2.7 A polícia e o medo da criminalidade

Quando os crimes ocorrem, o senso comum é focar para os danos causados às vítimas, tanto pessoais como materiais. Mas mais do que isso, a sociedade acoberta-se do manto com o medo, tendo em vista que o problema enfrentado pelas vítimas desaparece da memória das outras, mas o medo alastra-se como pandemia[34].

O medo, por si só, não é algo totalmente contraproducente. Torna os indivíduos mais alerta, o que diretamente produz efeitos, reduzindo as oportunidades de os criminosos cometerem crimes contra as pessoas precavidas. Da mesma forma é o medo quem fomenta as políticas públicas de combate à criminalidade. É graças a ele que a sociedade se prepara para lidar com os delitos e os delinqüentes.

O medo, não fundamentado em bases razoáveis, por sua vez, se converte num problema social. Stewart[35] aponta que uma distribuição

---

33 MURRAY. **The phsysical environment and community control of crime**. Washington: James Wilson, 1998.
34 MARK. TROJANOWICZ. ROBERT. **Policing and fear of crime**. Miami: Revista del Instituto de Justicia de los Estados Unidos, 1988.
35 STEWART, James K. **Notes of director del Instituto Nacional de Justicia**. Miami: Revista del Instituto de Justicia de los Estados Unidos, 1989.

desigual do medo no desenvolvimento econômico das cidades terá como reflexo a atemorização dos setores, principalmente os mais desprovidos de recursos (pobres), impactando no comércio e em futuros investimentos, chegando a desincentivá-los por completo.

Não há uma maneira de medir objetivamente o medo. Se, por um lado, se propaga com muita facilidade, por outro se distribui entre a população. As mulheres de mais idade costumam ser mais medrosas do que comparativamente os homens mais jovens.

Para melhor compreensão das causas do medo, devemos recordar que no passado o medo se entendia como uma mera conseqüência dos ataques criminais. Entretanto, na atualidade, verificamos que o medo está associado às altas taxas de criminalidade divulgadas (sobretudo as com violência).

Skogan e Wesley[36] dividem as causas que contribuem para o medo em cinco categorias:

a) atos delitivos conjunturais;

b) ataques criminais difundidos pelos meios de comunicação de massa;

c) deterioração física e desordem social;

d) características do meio ambiente;

e) conflitos de grupos;

As causas mais importantes para o aparecimento do medo são a deterioração física, a desordem social e os conflitos de grupos ou gangues.

O problema do medo pode ser combatido por outras estratégias diferentes que reduziriam diretamente os ataques criminais, como: os meios de comunicação de massa provendo de informações corretas acerca dos crimes e das propostas concretas de contenção, combatendo os sinais externos de decadência física e desordem social, regulando os conflitos de bandos.

---

36 SKOGAN. WESLEY. **Fear of crime and neighborhood change**. Chicago: Chigago University Press, 1986.

O medo é uma resposta racional ao crime, tendo em vista que os indivíduos respondem ao medo da maneira como este degrada a qualidade de vida e a capacidade de desevolvimento de uma sociedade.

Os resultados desse medo generalizado acarretam conseqüências sociais, desde instabilidade emocional das pessoas, com perda da satisfação pessoal, até maciços investimentos, tanto de tempo como dinheiro, a fim de reduzir a vulnerabilidade.

O medo não é capaz de destruir a vida comunitária por completo, mas cria relações de interdependências, nas quais alguns indivíduos defendem outros, em detrimento de terceiros. As diferenças entre classes sociais aumentam e, conseqüentemente, a discriminação social. A segurança privada, para não dizer milícias particulares, algumas vezes gera violência em situações em que o apaziguamento dos conflitos poder-se-ia se dar por via pacífica. As sociedades que procuram esforços comunitários contra os crimes são mais ordenadas, justas e livres que aquelas lastreadas em esforços individuais para combater criminalidade.

2.8 Armas de fogo e sua correlação com a criminalidade

A idéia de controlar o crime por meio da regulação de armas de fogo e demais instrumentos que possibilitam a coação durante atos ilícitos, chamados de atos com violência, tem atraído o interesse público[37]. Esses bens figuram constantemente nos crimes, e algumas estabelecem hipóteses que têm um papel tão importante na geração do crime que, se esses bens forem proibidos, o crime reduzir-se-ia a níveis de pouca significância.

Mas há de fato correlação entre a queda do índice de criminalidade e a venda desses bens?

A falta da oferta desses bens pode propiciar o mercado paralelo, com a fabricação fora dos padrões de qualidade, falsificações, contrabando do exterior ou, ainda, assaltos visando obtê-los. Alguns bens seriam de uso exclusivo das forças militares e policiais, e pela dificuldade

---

37 MOORE, Mark. H. Controling criminogenic commodities: drugs, guns and alcohol. San Francisco: ICS Press, 2000. p 124.

na obtenção destes, poderia haver um movimento de corrupção para se ter acesso aos estoques, desviando armamentos e demais materiais periféricos.

A retirada das armas dos particulares desprotege a população civil. Os indivíduos com tendências criminosas continuam tendo acesso a armamentos. Uma política mais segura seria a de recrudescer as concessões de licenças, aumentando a fiscalização. Caminho inverso é a mera proibição, desarmando a população civil. Se as prisões por posse de substâncias entorpecentes são significativamente maiores do que as de armas de fogo e armas brancas, indica-se que aqui se encontra área de política pública não explorada em sua máxima capacidade.

2.9 Correlação entre a concentração populacional e a criminalidade

Outro fator que aparentemente está muito relacionado com a criminalidade é o aumento populacional.

É fundamental destacar que o aumento populacional provoca dificuldades para satisfazer as necessidades de todos os cidadãos, que demandam bens e serviços.

Aqueles desprovidos de riqueza suficiente para adquirir formalmente os bens e serviços de que têm necessidade valem-se de outros métodos para consegui-los, eventualmente de condutas delitivas.

Evidentemente que quanto maiores as concentrações populacionais, maiores serão as taxas de violência (e criminalidade). Trata-se de mera inferência estatística. Isso explica por si só o porquê da maior criminalidade nos grandes centros. O aumento da qualidade de vida também acarreta maior índice de criminalidade, pelo menos enquanto houver desigualdade social extremada. O desenvolvimento da atividade econômica não tem somente por efeito a melhora do nível de vida, mas é fonte de oportunidades suplementares de criminalidade, pela multiplicação de interesses.

Pode-se assumir que a ascensão social caracteriza-se por aumento do nível de riqueza e de poupança, e estando associada à ascensão de uns, pode significar a diminuição da riqueza ou empobrecimento de outros, o que favorece a criminalidade.

Existem quatro maneiras por meio das quais o desemprego e o crime podem se relacionar: o efeito necessidade; a não-causalidade (é dizer que tanto o crime como o desemprego têm causas comuns, mas um não é causa do outro); a afluência (algumas pessoas encontram no crime mais rentabilidade do que num trabalho estável); e o efeito de socialização (um indivíduo considera que merece a mesma recompensa que outro por seu esforço, e, por isso, lhe subtrai uma parte).

2.10 A pobreza e o crime

Analisando a pobreza como fator causal para a delinqüência, notaremos que de fato as camadas menos favorecidas buscam nos crimes satisfazer suas necessidades. Evidentemente não se trata de regra geral, nem tão pouco autorizaria afirmar que os mais ricos não cometem crime. O que se quer demonstrar é que as condições econômicas exercem influência direta no comportamento do crime, particularmente nos crimes patrimoniais.

Não é difícil admitir que a conduta delitiva se encontra muitas vezes motivada por inúmeras frustrações e pela insatisfação ante as necessidades. Não atendidas, sem dúvida, podem proporcionar o caráter delituoso. A conduta delitiva é uma saída a todas as pressões internas que fazem com que o agente sofra, aliviando-se temporariamente ao obter o resultado do crime[38].

---

38 MARCHIORI, Hilda. Psicologia criminal. México: Editorial Porrua, 1980.

CAPÍTULO 3
O modelo econômico do crime

O modelo econômico do comportamento criminal pressupõe que os atos praticados pelos seres humanos modificam o meio ambiente e a vida em sociedade.

Os seres humanos, diante da possibilidade de cometer crimes, são capazes de calcularem os custos, benefícios (prós e contras), riscos associados e, com base nesses resultados, determinar a ação e a forma de atuação.

Esse "custo de oportunidade" calculado demonstra que há racionalidade nas práticas humanas, delituosas ou não.

Uma política pública eficiente deve considerar que existem indivíduos que assumem os mais diferentes graus de riscos. Da mesma forma, o combate à criminalidade deve buscar majorar os custos da delinqüência delitiva, reduzindo seus benefícios.

Esse é o ponto crucial de nosso estudo. A "economia do crime" não é mera interpretação de como os crimes afetam a economia de um país ou bloco econômico, ou mera dedução dos crimes como reprodução da má distribuição de renda. É uma análise do comportamento humano dos delinqüentes, num cenário capitalista, entendendo os fatores motivacionais para sua prática, direcionando as políticas públicas e visando ao bem-estar social.

Os indivíduos buscam a maximização de suas satisfações, tendo como base os recursos escassos, ao menor preço possível. O cometimento de um crime é a forma com que o delinqüente busca a satisfação das suas necessidades pessoais, dado determinado preço, que é a possibilidade da punição pelo controle penal que a sociedade lhe impõe, por meio das condenações. O grau de intensidade do crime tem como contra freio a severidade do castigo e a probabilidade que ocorra.

A análise dos benefícios do comportamento criminal depende do tipo de crime praticado. Ao se analisar um crime patrimonial, a evidência do ganho é mais contundente. Algo semelhante ocorre com o latrocínio, que, embora havendo crime contra a pessoa, seu fim último é a obtenção de patrimônio. Entretanto, alguns delitos apresentam circunstâncias psicológicas. Embora essa divisão não seja dicotômica, serve para fins de análise.

A emoção do perigo, o valor do risco, o sentimento de vingança de determinado grupo ou da sociedade, a negação de valores sociais, a aceitação por certo bando ou até mesmo a sensação de conquista de algo inacessível são fatores motivacionais.

Os custos da conduta criminal são dispersos e complicados. Os obviamente identificáveis são os materiais, que envolvem equipamentos, ferramentas e equipes. Estão associados diretamente aos valores econômicos precificados, como armamentos, máquinas e folha de pagamento.

Os custos temporais são outra categoria de custo. Esse seria o custo de oportunidade, entre uma conduta lícita e uma ilícita, ou entre duas condutas ilícitas. Em vez de cometer um ato ilegal, como transporte de entorpecente, determinado agente poderia ter optado por uma conduta lícita, por meio de emprego formal, recebendo salário. Ou a escolha entre duas atividades ilícitas, como a de praticar um furto ou seqüestro.

O tempo despendido na preparação do crime, execução e consumação também deve fazer parte da análise do custo.

Uma pessoa sem emprego tem menor custo de oportunidade, os motivo pelo qual nos atrevemos a dizer que está associada à ociosidade.

O custo psicológico também integra o sistema de custeio do crime. O meliante deve levar em consideração o medo, ansiedade, aversão ao risco e sentimento de culpa de suas atividades.

Outro custo é o do castigo-esperado, que é a possibilidade de que o delinqüente seja capturado e efetivamente sancionado. Isso significaria multa pecuniária, retirada do mercado de trabalho com impossibilidade de gerar riqueza, afastamento das condutas delituosas que proporcionam ganhos financeiros, além do tempo que permanecerá aprisionada e da perda da vida na comunidade em virtude do encarceramento.

3.1. A função oferta, demanda e o ponto de equilíbrio do crime

A compreensão dos elementos que compõem a decisão de praticar um crime permite-nos elaborar uma curva de oferta do crime, na verdadeira acepção econômica. Como toda curva de oferta, haverá uma correlação entre o preço de um bem ou serviço e a quantidade de produtores que estão dispostos a oferecê-lo por um período de tempo. Sob essa ótica, a curva de oferta mostra o número de crimes (quantidade) por um período de tempo dado que os criminosos (produtores) estão dispostos a cometer (produzir), a diferentes níveis de ganhos (preços).

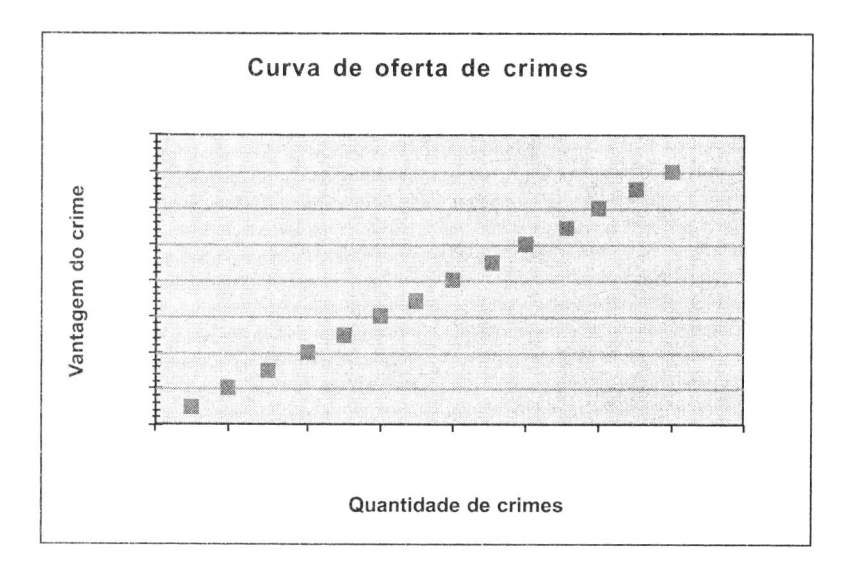

Figura 1 — Curva de oferta de crimes.

A figura 1 busca explicar economicamente o comportamento criminal analisando-se os custos e benefícios em que incorre um criminoso ao delinqüir. Por se tratar de um modelo, variáveis como custo de oportunidade entre trabalho e ociosidade não conseguem representação, mas é possível ter-se um panorama do mercado do crime. Quanto mais vantajoso para o delinqüente o crime, ou seja, quanto maior a satisfação que puder alcançar (como o resultado pecuniário num roubo) com o menor custo possível (possibilidade de ser preso, julgado e encarcerado), maior será a quantidade de crimes observados.

Já se analisando sob a ótica do demandante por crimes, isso é, de modo fictício considerando as vítimas como se fossem "clientes desse mercado", quanto maior o grau de proteção que crie mecanismos para evitar o crime, menor quantidade de crimes será verificada.

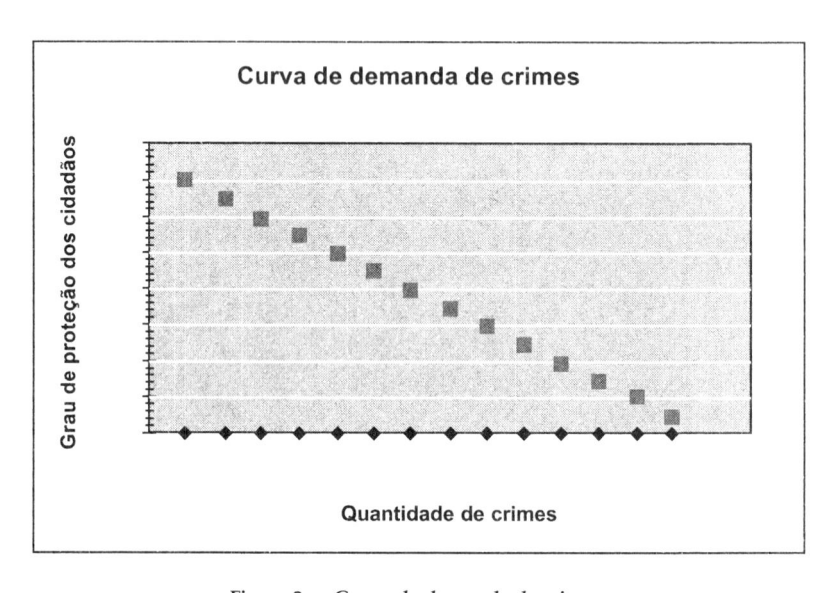

Figura 2 — Curva de demanda de crimes.

Evidentemente que esse modelo econômico trata o crime como um mercado. Na realidade as vítimas não são demandantes por crimes, visto que buscam até mesmo evitá-los. Numa abordagem jurídica, dizer-se-ia que à exceção dos crimes de ação privada, os demais têm a sociedade como vítima, sendo apenas o ofendido a prova da consumação ou exaurimento do crime.

Esses modelos indicam que há, de fato, oportunidades criminais identificáveis, e o emprego da teoria econômica dos mercados demonstram como criminosos e vítimas se correlacionam. É certo, pela abstração desses modelos, que as possíveis vítimas se autoprotegem a partir do risco percebido, e quanto maior a possibilidade de vitimização, maiores as possibilidades dos supostos criminosos terem propensão ao cometimento de crimes.

A perspectiva de análise como mercado oferece vários benefícios à investigação científica entre criminosos e suas vítimas. Podem se reforçar ou definir estratégias legais para alterar ou inibir atos criminosos. Da mesma, uma efetiva participação da sociedade civil organizada resultaria em melhores caminhos para o combate a delinqüência e redução do medo, de forma integral e eficiente.

As principais idéias para alicerçar a teoria das oportunidades criminais seriam:

1 — Os criminosos tenderiam a ser seletivos com suas vítimas que oferecem alto benefício com o mínimo de esforço, por mais que admitam maiores riscos com maiores possibilidades de frustração da intentada criminosa.

2 — A interação entre criminosos e vítimas é semelhante à que ocorre entre compradores e vendedores num mercado, tendo, um lado, os ofertantes das oportunidades criminais como os potenciais criminosos, e, do outro, os demandantes, as vítimas. O equilíbrio no mercado pode ser alterado por ações de política pública.

Mercado das oportunidades criminais

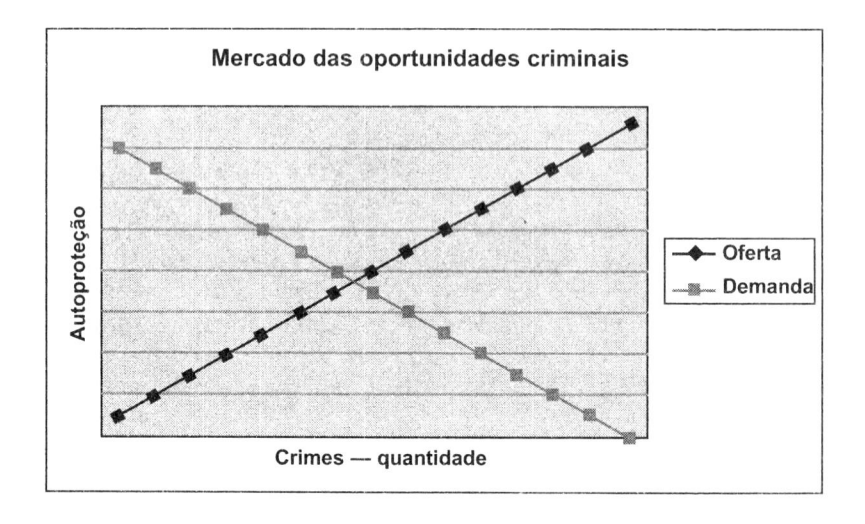

[Gráfico: eixo vertical "Autoproteção", eixo horizontal "Crimes — quantidade", com curvas de Oferta (crescente) e Demanda (decrescente)]

Figura 3 — Mercado das oportunidades criminais.

A figura 3, demonstra que, em âmbito microeconômico, o crime ocorre no ponto de equilíbrio, quando a vítima reduz sua autoproteção até atingir o nível de oferta do criminoso. Mas a análise macroeconômica, utilizando esse modelo marginal, traz à tona à política pública para redução da criminalidade, que é o fim último dessa análise. Isso se dá na tentativa de aumento da proteção às possíveis vítimas, com aumento da vigilância, com esforços agregados para frear e neutralizar a criminalidade.

O que se busca é ter uma oferta inelástica a níveis baixíssimos, com total elasticidade da demanda.

CAPÍTULO 4
A intervenção do Estado na econômica do crime: as políticas públicas de combate à criminalidade

Ao longo do presente estudo, descrever a natureza do crime sob o ponto de vista da teoria econômica. Foram analisados alguns custos e benefícios, tanto materiais como psicológicos, que o crime impõe à sociedade.

4.1 Políticas públicas

O crime é combatido pelo poder público e pelo privado, em sua forma sistêmica, integral e institucional. Sistêmica no sentido de que o crime e o medo que ele gera (a sensação de insegurança) se encontra inter-relacionados com múltiplos fatores e tempos. Toda estratégia deve contemplar variáveis de educação, pobreza e desemprego, endógenas ao sistema e que devem ser seriamente ponderadas numa análise sistêmica.

Outro elemento essencial para mitigar o problema da delinqüência é a dimensão integral que se envolve na prevenção, dissuadindo o potencial delinqüente, incluindo desde o criminoso detido, processado, julgado, sentenciado, sancionado, encarcerado, até mesmo o reabilitado.

Se uma parte da organização funciona e outra não, a primeira ficará desmoralizada e a sociedade como um todo não receberá resultados palpáveis alentadores.

Outro elemento a se trabalhar é a dimensão institucional, que inclui tanto as instituições formais (administração pública, leis, normas, sistemas penitenciários, organizações civis, meios de comunicação, igrejas em seus diferentes cultos) como as informais (cultura, costumes, tradições, dogmas etc.).

As políticas públicas devem ter como balizamento a natureza humana e o comportamento dos indivíduos como cidadãos, perante as autoridades impostas. E que sejam legítimas. Mas devem, sobretudo, propor a maximização do bem-estar social. Como ciência, as políticas públicas devem definir direitos e deveres, com controles eficazes, traçando missões e definindo os problemas a serem combatidos.

Cabe mencionar que uma política pública contra o crime, para que seja efetiva, deve reconhecer a realidade inquestionável: a escassez dos recursos. Para lograr êxito na luta contra o crime é necessário que a utilização dos recursos se faça sob critérios muito claros e os quais se otimizem, respeitando princípios de justiça em todo processo.

4.1.1 A prevenção

Roxin[39] aponta que existem várias teorias acerca da pena e que cada uma delas dirige sua visão unilateralmente para determinados aspectos do Direito Penal. A teoria da prevenção especial seria para a execução, a idéia de retribuição para a sentença e a concepção da prevenção geral para o fim das cominações penais. Cada uma delas destinada a intervenções específicas na liberdade do indivíduo.

Tradicionalmente se considera que a principal função do sistema de justiça penal é justamente a sanção do crime. Uma vez realizada, a sociedade se vê ressarcida mediante a prestação de contas dos delinqüentes sancionados com as penas que o próprio sistema lhes impôs.

Mas mais do que discutir as funções e os efeitos da reprimenda imposta em caso de infração de normas de bem viver, é importante analisar como fazer para evitá-la.

---

39 ROXIN, Claus. **Problemas fundamentais de direito penal.** Lisboa: Veja, 1986.

A lógica é muito clara, tanto em termos econômicos como sociais, pois sempre será mais conveniente prevenir uma conduta delituosa que acarreta lesão aos interesses sociais, que impor sanção ou castigo por transgressão de normas.

A prevenção do delito deve partir daqueles valores que a norma quer e pretende tutelar, que constituem os pilares necessários ao bem-estar individual e ao social. A prevenção do delito é, em sua essência, uma ação de estabilidade e desenvolvimento social.

Assim mesmo, a promoção da participação social é indispensável para o fortalecimento de uma cultura cívica. Nenhuma ação preventiva pode aspirar a ser efetiva e duradoura se não conta com o apoio decidido (e decisivo) da população.

As campanhas preventivas têm de levar em consideração os interesses individuais a que se dirigem, considerando diversas peculiaridades, tais como nível educacional, nível social, formas específicas de cultura, e, por outro lado, devem incluir necessariamente uma mensagem pedagógica que implique respeito às leis, confiança nas instituições, na convivência pacífica e nas relações sociais harmoniosas, de tal maneira que se potencializem ainda mais com o empenho das autoridades.

Não obstante a indispensável participação social na prevenção da criminalidade, é importante ressaltar que tais ações deverão estar inseridas numa política econômica e social desenhada e posta em prática pelo Estado e que fatores socioeconômicos, tais como desemprego, marginalização, entre outros, atuarão como condicionantes da elevação dos índices delitivos de qualquer sociedade.

A prevenção da criminalidade requer análises particularizadas das zonas de maior incidência criminal e de toda informação que se permita conhecer em relação a circunstâncias sociais, econômicas e culturais que incidam ou possam incidir sobre o comportamento delitivo. Entre os fatores que podem explicar o fenômeno do crime, destacamos:

a) deterioração das condições econômicas e sociais, tais como o aumento da pobreza e a má distribuição de renda;
b) instabilidade do mercado, elevados índices de desemprego e subemprego;
c) restrito acesso às oportunidades de educação, saúde e habitação;

d) abandono escolar em todos os níveis;
e) crises estruturais na família, impactando especialmente sobre jovens e crianças, além de violência intrafamiliar e desintegração da família;
f) difusão pelos meios de comunicação de massa de conteúdos com alta violência, acompanhados da banalização das notícias de tragédias;
g) proliferação de bairros marginalizados;
h) deficiência dos programas de reinserção de egressos de instituições prisionais ou de tratamento de menores em medida de segurança;
i) desordem e ausência de higiene em bairros e regiões de alto índice de criminalidade.

Zaffaroni[40] afirma que a prevenção à criminalidade não se pode dar a qualquer nível. Algumas condutas não precisam ser necessariamente criminalizadas, pois senão o próprio sistema penal acaba sendo gerador de violência. Constata que a diminuição da intervenção penal por meio da descriminalização, da *diversion* e do princípio da oportunidade da ação penal, são, obviamente, caminhos que possibilitam a diminuição da violência do sistema penal, desde que a renúncia à intervenção do sistema penal não constitua um recurso formal para retirar matéria da agência judicial e aumentar o poder das outras agências.

Gomes[41] critica o modelo político-criminal brasileiro pela sua tendência paleorrepressiva, particularmente desde a edição da Lei dos Crimes Hediondos em 1990, com o endurecimento das penas, corte de direitos e garantias fundamentais, tipificações novas e agravamento da execução penal.

---

40 ZAFFARONI, Eugênio Raul. **Em busca das penas perdidas**. Rio de Janeiro: Revan, 1991.
41 GOMES, Luiz Flávio. **Suspensão condicional do processo penal**. São Paulo: RT, 1995.

4.1.2 Estratégias

Uma política global e integrada de prevenção de crimes deve abandonar o tradicional paradigma de que a melhor forma de combate é a punibilidade. Aliás, os modelos prisionais já se demonstram falidos e sem nenhuma característica de reeducação ou reinserção social. Guaragni[42] afirma que é pacífica a nocividade das penas privativas de liberdade de curta duração, bem como se evidencia cada vez mais o fracasso destas mesmas no sentido de ressocializar o condenado. Sugere soluções despenalizadoras, com uma resposta jurídico-penal mais elaborada, devidamente individualizada, capaz de levar à extinção das penas em troca de benefícios constatáveis pela correção do comportamento do delinqüente.

Deve haver uma concepção de um modelo alicerçado na formação da consciência cívica e do sujeito de direitos, a fim de que os componentes valorativos da norma penal sejam compreendidos e incorporados pelo indivíduo. A educação voltada às necessidades do transgressor para sua ressocialização é indispensável, mas também se deve:
a) instrumentalizar por meio de programas de comunicação social as populações sobre as medidas de prevenção de delitos, demonstrando quais os seus direitos no caso de se tornarem vítimas de práticas antijurídicas, assim como a natureza e as funções que desempenham as instituições de prevenção e readaptação social, além dos mecanismos de participação e colaboração cidadã;
b) promover às organizações não governamentais, associações de moradores ou grupos comunitários, a instituição de convênios com o poder público, ou mesmo com instituições privadas, formação de parcerias público-privadas, visando à prevenção de delitos e à valoração do ambiente familiar, educativo, de trabalho, de saúde, cultural, desportivo, recreativo, da vida social, da readaptação social, do tratamento e recuperação do menor infrator e da reinserção social;

---
42 GUARAGNI, Fábio André. Suspensão condicional do processo segundo a lei 9.099/95 . In: KUEHNE, Maurício et all. Lei dos juizados especiais criminais. Curitiba: Juruá, 1996.

c) fomentar ações para que os setores público, social, privado e a Igreja contribuam para a conscientização na sociedade da prevenção do crime;
d) realizar estudos e análises que precisem de níveis de especialização no entendimento da conduta delitiva, sua regionalização, áreas de periculosidade e *modus operandi*, para melhor direcionamento das ações específicas tanto para medidas educativas como para estratégias policiais e de vigilância;
e) promoção de políticas de emprego formal em regiões de alto índice de ocorrências criminais.

4.1.3 A educação

A educação pode identificar-se como elemento indispensável para o conhecimento dos atos permitidos e dos limites legais para as condutas humanas.

Não é difícil entendermos que a educação promove o desenvolvimento de uma consciência moral e cívica do indivíduo.

A política pública deve estabelecer as campanhas de prevenção do delito dirigidas aos jovens, tendo em vista que são os de maior propensão ao cometimento de atos ilícitos. Esse mesmo objetivo é importante no sentido que deve atender às expectativas de pais e educadores, posto que esses são os entornos sociais dos jovens, facilitadores e reforçadores das campanhas propostas, pois, sem esses referenciais, dificilmente se encontraria foco na sociedade.

De igual maneira o impulso na participação comunitária educativa torna-se essencial para solidificar a informação e a divulgação dos temas referentes a prevenção de condutas delitivas, direitos das vítimas, segurança pública e cultura cívica.

Nesse estudo não descartamos a influência religiosa que pode ser talvez a maior solidificação dos alicerces necessários para o comprometimento dos envolvidos, porém os dogmas como direcionadores das condutas podem também ser obstáculos para a absorção das mensagens, à medida que procuram limitar o senso comum, adequando-o e adaptando-o aos preceitos das religiões.

Identificamos a consciência religiosa como primordial, entretanto não queremos fazer juízo de valor de qual seria a melhor doutrina.

4.1.4 Os meios de comunicação de massa

A participação dos meios de comunicação é essencial para a divulgação do processo, tendo em vista que brinda a população com as informações, já que estas formam opinião. A sensação de busca do bem-estar comum é importante para que a população se manifeste e apóie políticas públicas. Programas realizados sem o comprometimento e apoio popular por vezes se tornam inócuos pelo simples fato de o cidadão comum ter descrença no pouco que vê, por achar se tratar de ação isolada, não contextualizada.

É essencial a participação cidadã, fomentadora de melhores modelos de vida e da convicção de que não há motivos para justificar condutas delitivas, ou conduzir a sociedade ao convívio dessas práticas criminosas como se fosse o preço da vida em sociedade. A sociedade não pode admitir práticas criminosas de qualquer forma de manifestação, pois a economia criminosa se retro-alimenta. Admitir o uso de entorpecentes, por menos danosa à sociedade que pareça a conduta, alimenta o micromercado das drogas ilícitas, que, por sua vez, exige que seus usuários obtenham recursos para o consumo oriundos de prostituição, furtos e roubos, aos quais canalizam e potencializam o mercado de contrabando de armamentos e o crime organizado, podendo terminar em desequilíbrio da sociedade com a criação de uma subcultura e economia paralela, da qual o Estado não se beneficia, e muitas vezes não consegue regular suas relações, sendo até mesmo corrompido.

Os meios de comunicação, sobretudo os eletrônicos, oferecem alternativa importante à medida que alcançam milhares de pessoas com a difusão de suas mensagens. Suas campanhas têm maior duração e impacto. Nesse sentido, sendo o escopo a política de prevenção e os resultados a serem obtidos, importante é a percepção da sociedade do problema em questão. Não basta a redução dos índices de criminalidade.

É necessário que a população tenha a perfeita sensação de segurança, a fim de que haja correlação direta da informação difundida pelos meios de comunicação com o *status* da segurança social.

É fundamental que a população aborde e discuta a cultura preventiva, conhecendo o direito dos cidadãos vítimas de crimes, e que tenha a contrapartida do Estado na solução dessa situação conflituosa, com credibilidade nas instituições, o que certamente reduzirá a sensação de medo e insegurança.

4.1.5 A participação cidadã[43]

A maior parte dos crimes cometidos precisa da participação da cidadania para que a autoria seja revelada e o braço forte do Estado possa fazer com que os responsáveis respondam pelo dano causado. Deve haver esforços comuns da comunidade e da jurisdição para reduzir os conflitos, o que só será possível com a verificação dos potenciais delinqüentes e a grande possibilidade de que os agressores serão punidos e identificados. A impunidade é a força motriz da continuidade delitiva.

Embora a vida em sociedade tenha como principal condição a transferência de parte da liberdade dos indivíduos para o Estado[44], este não é capaz de combater o crime a todo momento e em todas as formas como se manifesta, dada a escassez de recursos materiais e humanos. Sempre serão insuficientes para a prevenção de condutas anti-sociais e de repressão de atos praticados. De outra sorte, o custo de oportunidade seria tão alto que a priorização da segurança comprometeria áreas de vital importância para a vida em sociedade, como a educação, a saúde e a seguridade social.

---

43 Segundo PRADO, Luiz Regis. **Bem jurídico-penal e constituição**. 3. ed, São Paulo: RT, 2004, o estado de cidadania é aquele que o indivíduo é feito cidadão, a democracia se institucionaliza jurídico-politicamente e o sistema de valores é convertido em legalidade, base da legitimidade democrática.

44 Segundo BOBBIO, Norberto. **A era dos direitos**. São Paulo: Brasiliense, 1994. — No Estado despótico, os indivíduos só tem deveres e não têm direitos. No Estado absoluto, os indivíduos possuem, em relação ao soberano, direitos privados. No Estado de direito, o indivíduo tem, em face do Estado, não só direitos privados, mas também direitos públicos. O Estado de direito é o estado dos cidadãos.

4.2 Despersuasões

A despersuasão é o ato em que se persuade os potenciais criminosos a não levarem a cabo as atividades não desejadas pela sociedade, por serem condutas socialmente repugnadas. Estimula-se o indivíduo a desistir de seus propósitos, intimidando-os para impedir alguma ação. A despersuasão é um meio preventivo da violência que deve ter ser nascedouro tanto na família como na educação formal (escola).

Note-se que não se trata de uma coação psicológica, nos moldes da teoria clássica de Feuerbach[45], em que a prevenção geral negativa sustentaria o efeito dissuasório da pena em relação ao infrator potencial só pela sua existência, como bem explica GOMES[46], por ser uma ameaça preventiva, cuja figura da pena exerce a intimidação.

KUEHNE[47] afirma que a pena não tem finalidade somente preventiva. Há a questão da retribuição. Nesse sentido, comenta que a pena tem caráter aflitivo, tendo em vista que atinge um bem jurídico do sentenciado, de alguma forma restringindo-o ou suprimindo-o.

A despersuasão estaria mais próxima da teoria funcionalista da prevenção geral positiva, sustentada por Jakobs e Hassemer[48], que vêem na pena a atualização da vigência e a confirmação das normas e dos valores do ordenamento jurídico. Mas, mais do que isso, as pessoas estariam atuando em conformidade com o direito, depositando confiança no funcionamento do sistema.

4.2.1 A ação socialmente repugnada

Uma ação é repugnada socialmente quando, por meio, através de uma análise de custo-benefício em âmbito social, percebe-se que ocasi-

---
45 TAVARES, Juarez. **Teorias do delito:** variações e tendências. São Paulo: RT, 1980.
46 GOMES, Luiz Flávio. Op. cit.
47 KUEHNE, Maurício. Anotações sumárias à Lei 9.099, de 26/9/1995. In: KUEHNE, Maurício et al. **Lei dos juizados especiais criminais.** Curitiba: Juruá, 1996.
48 TAVARES, Juarez. *Op. cit.*

ona diminuição do bem-estar comum. O benefício social de cometê-la deve ser menor que o custo do dano social que esta produz.

Tendo em vista que atos socialmente não desejados produzem uma perda para a sociedade (como se fosse realmente um custo), nada mais factível do que a mesma sociedade procurar reduzir ao mínimo o custo social por meio da criação e interação de mecanismos legais que definam claramente os limites e direitos de propriedade e de bom viver, com previsão das sanções adequadas aos que corrompam as normas impostas. A despersuasão é a forma com que a sociedade minimiza a propensão à delinqüência e, obviamente, ao atentado ao equilíbrio social (cujo ferimento implica custo social).

Podemos afirmar, então, que se um indivíduo despersuadido a cometer um ato ilícito (socialmente indesejado), depois de uma análise de custo-benefício realizada pelo próprio potencial delinqüente, se ainda assim resolver intentar a ação maléfica socialmente (que pode ocasionar dano a outrem ou à sociedade como um todo), é porque acreditar que a sanção que o espera seja inferior ao benefício privado que ele mesmo poderá auferir após a realização do delito.

Nesse momento o Direito Penal foi incapaz de evitar a conduta desvalorada. Os bens jurídicos tiveram a eficácia da tutela jurisdicional e foram substancialmente agredidos, violados. Bruno[49] destaca que os bens jurídicos são valores da vida individual ou coletiva, valores da cultura. Toledo[50], entretanto, afirma que são valores ético-sociais que o direito seleciona, com o objetivo de assegurar a paz social, colocando-os sob sua proteção para que não sejam expostos a perigo de ataque ou lesões efetivas. Para Fragoso[51], o bem jurídico não é apenas um esquema conceitual visando proporcionar uma solução técnica da nossa questão: é o bem humano ou da vida social que se procura preservar, cuja natureza e qualidade dependem, sem dúvida, do sentido que a norma tem ou a ela é atribuído, constituindo, em qualquer caso, uma realidade contemplada pelo direito. Noronha[52] afirma ser o bem-interesse protegido pela norma penal.

---

49 BRUNO, Aníbal. **Direito penal.** Rio de Janeiro: Forense, 1967.
50 TOLEDO, Francisco de Assis. **Princípios básicos de direito penal.** São Paulo: Saraiva, 1986.
51 FRAGOSO, Heleno C. **Lições de direito penal.** Rio de Janeiro: Forense, 1985.
52 NORONHA, E. Magalhães. **Direito penal.** São Paulo: Saraiva, 1985.

Tasse[53] corrobora que "o processo penal deve ser reservado para a apuração de condutas, sob o aspecto social, efetivamente graves e contra pessoas contra as quais exista probabilidade da autoria da conduta em apuração".
Não havendo conduta socialmente abominada, não se faz necessária a tutela do Direito Penal.

4.2.2 Tipos de despersuasão

A despersuasão pode ser analisada sob dois enfoques: geral e particular, ou total e marginal.

4.2.2.1 Despersuasão geral e particular

A despersuasão particular tem efeito sobre o delinqüente que leva a cabo um ato socialmente não desejado, e o objetivo é fazer com que não seja cometido mais nenhum ato delitivo.

A despersuasão geral tem efeito sobre a sociedade como um todo, servindo a sanção atribuída ao delinqüente como exemplo aos demais, partindo do princípio de que todos terão conhecimento das restrições impostas ao delinqüente, fazendo que evitem conduta semelhante. É uma forma de prevenção geral.

4.2.2.2 Despersuasão total e marginal

A despersuasão total se encarrega de fazer com que não se cometa nenhum delito, enquanto a despersuasão marginal se preocupa em impor sanções diferentes, para crimes distintos, com graduações diversas em relação à severidade da aplicação da pena.

A despersuasão marginal tende a equalizar o apenamento de condutas delituosas de mesmo peso social, por meio de reprimendas quanti-

---

53 TASSE, Adel El. **Investigação preparatória**. Curitiba: Juruá, 1998.

tativamente semelhantes, enquanto gradua os crimes em suas diferentes intensidades, marginalmente, com maior e menor apenamento.

Um furto simples pode ter reprimenda semelhante á do estelionato, enquanto extorsão mediante seqüestro seguido de morte ter quantitativamente a pena imposta a um homicídio duplamente qualificado.

A teoria da prevenção especial, derivada de Von Liszt, sustenta a despersuasão marginal, na medida em que corrobora que a pena deva incidir sobre o autor a fim de que evite com que volte a delinqüir (prevenção especial positiva) ou que o neutralize (prevenção especial negativa)[54].

4.2.3 A efetividade da política de despersuasão

Algumas condições são necessárias para a despersuasão se efetivar na forma de política criminal:
a) o potencial criminoso deve saber que o regramento penal lhe imporá custos no caso de cometimento de crimes, e, portanto, deve ser ele consciente e ter capacidade de abstração e processamento dessas informações. O delinqüente deve ser provido de racionalidade. Se ocorrer fato de que por má informação desconheça ser conduta criminosa (erro de proibição), impossível a anterior despersuasão;
b) o potencial criminoso deve ser capaz de avaliar os riscos de sua intentada criminal não se consumar, e mesmo assim ser punido;
c) para a efetividade de uma política de despersuasão, é necessário que o crime que tenha cometido seja denunciado às autoridades, a menos que o delinqüente tenha sido detido em flagrância no cometimento do ilícito. Desta forma, poder-se-á mensurar com maior certeza o número real de crimes praticados em função dos denunciados e, com a informação proporcionada por esses dados, aplicar uma política de despersuasão que realmente se efetive. O problema

---
54 ZULGADIA EPINAR, Jose M. **Fundamentos del derecho penal**. Granada: Universidad de Granada , 1985.

com esse ponto é que os delinqüentes sabem que um grande número de ilícitos jamais é reportado às autoridades (razões pessoais da vítima, descrença no estado, desprestígio da vítima por parte do poder público, medo de represálias etc.), como se fossem mera perda de tempo.

4.3 Sanções

A sanção é a real contrapartida sentida pelo delinqüente como resposta social ao ato repugnado. É medida fundamental para despersuadir o crime. A sanção não teria justificativa caso se baseasse exclusivamente na circunstância da ofensa cometida pelo delinqüente. Se assim fosse, grande parte dos delitos poderia ter soluções pecuniárias, amparadas pelo Direito Civil ou Administrativo, e não pela última *racio* que é o Direito penal. Tem sua justificação tendo-se em vista a valoração social das atitudes, assim como o medo para prevenção que o ofensor deve ter para evitar que se repita, no futuro, a ofensa cometida.

4.4 Reabilitação

Reabilitação é o conjunto de políticas encaminhadas objetivando a reintegração e ressocialização dos delinqüentes. É uma despersuasão particular no sentido de que objetiva diminuir a tendência de um indivíduo a reincidir em delitos. O processo de reabilitação se dá durante o cumprimento da pena, ou após, nos programas destinados aos egressos do sistema penitenciário ou àqueles que cumpriram penas restritivas de direitos.

Para Kuehne[55], é imprescindível a ressocialização do apenado no seio da sociedade, "devendo os ventos levarem para bem longe a segregação e/ou a discriminação (exílio social), as quais ensejam, cada vez mais, o habitual retorno à marginalidade".

---

55 KUEHNE, Maurício. Op. cit.

Para que se compreenda os fins que se quer obter e os resultados alcançados, programas de reabilitação serão eficientes se modificarem os cursos de oportunidade, como o indivíduo percebe, de maneira com que este decida que os custos de reincidência serão maiores do que os benefícios que poderia obter com essa atividade.

Há diferentes sistemas penitenciários, cada qual objetivando resultado diferente. Para tanto, implementam políticas díspares.

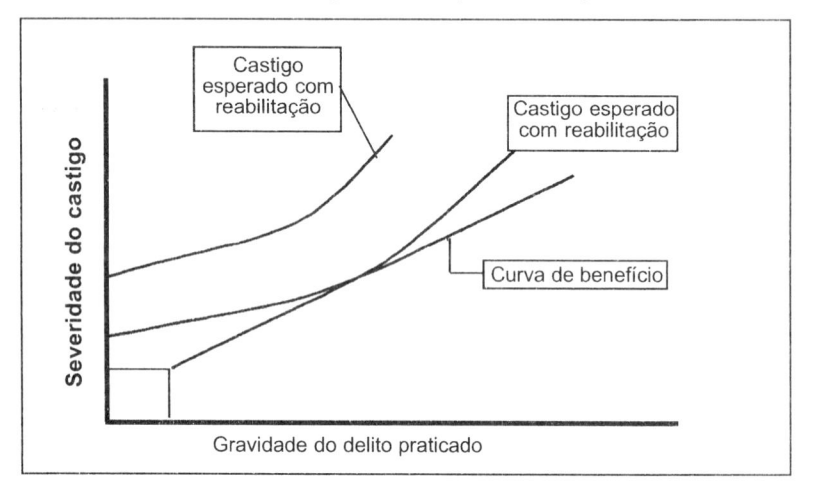

Figura 4 — Relação entre gravidade do delito e severidade do castigo.

Para que um processo de readaptação social logre êxito, é necessário que se analisem as condições nas quais o recluso cumpre a pena. Sendo um indivíduo que violou as normas de convenção social, para sua readaptação é necessário que se implante um sistema adequado para obtenção dessa meta.

Dentro dos sistemas tradicionais penitenciários existentes, o cumprimento de pena em regime aberto é o mais brando (desconsiderando-se as penas restritivas de direitos, que sob nossa ótica, não seriam um "sistema penitenciário"). Alguns delitos com diferentes graus de gravidade não exigem que o sentenciado cumpra a pena encarcerado, tendo em vista que a readaptação do delinqüente se dá e é possível. Há fatores psicológicos que o determinam para as condutas socialmente aceitas, dado que fora repreendido pela conduta criminosa, sem que ameaça física à sua integridade seja empregada. Está fundamentado, sobretudo, na reabilitação social, autogoverno, e o indivíduo busca recuperar a aceitação no meio social.

O regime semi-aberto, tratamento voltado à recuperação de sentenciados com menor periculosidade, mas que merecem encarceramento para adequação às normas sociais e condutas socialmente admitidas, teria como base a reintegração por cultura física, trabalhos industrial e agrícola, com aprendizagem de ofícios e disciplinas, já preparando o interno para eventual colocação no mercado formal de trabalho.

O regime fechado seria destinado aos irrecuperáveis e aos de maior grau de periculosidade, mas que podem ser adaptados por meio de ensino e trabalho, para atenuar a pena e iniciar o processo de reintegração social.

Os manicômios judiciais, por sua vez, destinados à recuperação dos insanos, deveriam ter na seleção uma análise médico-psicológica dos pacientes. Em tese, deveriam buscar a recuperação do indivíduo, trazendo-lhe a possibilidade de recuperação dos seus atos.

Os reformatórios, com suas medidas socioeducativas, da mesma forma, deveriam buscar a reeducação do menor e do adolescente, possibilintando-lhes a condição de inserção na sociedade.

Lamentavelmente, o que se percebe é que os centros penitenciários e demais instituições foram implementados com uma série de programas de reabilitação, dirigidos a aspectos educacionais, laborais, psicológicos, mas que em sua maioria não obtiveram êxito nas metas estabelecidas.

A evidência empírica é que a maioria dos programas de reabilitação fracassou em razão do alcance limitado que obteve com as atividades educativas e laborais, por falta de interesse político[56], assim como da falta de oportunidades reais que permitissem aos delinqüentes obter êxito na reintegração da sociedade.

---

56 Falta de infra-estrutura, recursos e coordenação com instituições de apoio, mesmo sendo estas da sociedade civil organizada.

CAPÍTULO 5
A tomada de decisões na economia do crime: as políticas públicas de combate à criminalidade

O conteúdo apresentado como referencial teórico nos capítulos anteriores objetivava instrumentalizar a tomada de decisões por parte do poder público para o combate e prevenção da criminalidade. Tendo em vista que os crimes geram custos socioeconômicos pela violência em termos pessoais, psicológicos e materiais, devem ser combatidos para a diminuição da criminalidade, tendo como conseqüência a redução da perda de riqueza.

O fenômeno é multicausal e, portanto, merece enfrentamento em diversas frentes, como a individual, local, comunitária e de autoridade. Da mesma forma podem ser paliativas ou preventivas. É preciso conhecer o problema até mesmo para saber qual seria a solução mais rentável (financeira e socialmente).

A atividade criminal impõe à sociedade diferentes custos. A prevenção desses custos gera benefícios, que são os danos evitados com a prevenção.

A prevenção do crime deve ser produzida tal quais outros bens e serviços, com recursos econômicos escassos. Existem custos econômicos associados à produção de prevenção de crimes admitidos pelo poder público (polícia judiciária, patrulhamento ostensivo militar, exército) e pelo setor privado (empresas de segurança, alarmes monitorados).

Dada a escassez de recursos, é impossível impedir todo cometimento de crimes. Outros bens públicos são valorados além da segurança pública, motivo pelo qual não se podem canalizar todos os recursos para a prevenção de crimes. A sociedade define, por meio dos recursos disponíveis, qual a quantidade de crime que quer tolerar.

A prevenção do crime, assim como qualquer outro serviço público, acarreta custos para a sociedade, devendo-se buscar o ponto ótimo de recursos a serem despendidos para esse equacionamento.

Notamos alguns aspectos econômicos na luta contra a criminalidade.

Inicialmente, não somente se utilizam a polícia judiciária e a polícia de repreensão para a aplicação da lei na questão da prevenção do crime. Os demais custos associados, desde instituições penitenciárias até mesmo o Poder Judiciário, integram os custos totais. Analisando-se o processo, é necessária a utilização de recursos para a fase investigatória, depois para o processo penal, em seguida, na fase de execução da pena, os custos de manutenção do sentenciado e da estrutura voltada a esse fim, e, finalmente, as medidas voltadas a evitar que o criminoso reincida.

Tendo em vista que a prevenção é menos custosa que a remediação, as políticas públicas devem ser polarizadas nesse sentido. Analisando-se os custos sociais de cada um dos delitos, cabe ao poder público orientar dos contingentes de seu braço armado e repressivo para evitar o cometimento dos crimes de maior dano. Em cada comunidade, cada localidade, a seu tempo, esses delitos podem ser de natureza e características diversas.

Conclusões

O Direito Penal sempre foi abordado sob o ponto de vista jurídico-positivisto. Entretanto, a realidade fática, principal substrato para a normatização das condutas, oriunda dos ensinamentos da criminologia, muitas vezes é desprezada nos bancos escolares das Faculdades de Direito. Mas será que basta a ela a interpretação e aplicação das normas?

O Direito Penal supervalora-se, contuto mantém relação com o mundo em constante transformação? É capaz de entender e instrumentalizar-se para a tutela[57] dos bens a que tanto se propõe? Auxiliado pela Economia, teria melhor condição para a redução da delinqüência, entendendo as relações humanas e conduzindo a política criminal?

A racionalidade econômica é essencial para o combate à criminalidade. Em realidade, os preceitos econômicos são meros elementos metodológicos interagindo com os valores[58] sociais, visando combater de maneira eficaz o problema do medo, da sensação de insegurança e da delinqüência.

---

57 Segundo ZAFFARONI, Raul Eugênio. **Tratado de derecho penal**. Buenos Aires: Ediar, 1982. — O bem jurídico penalmente tutelado é a relação de disponibilidade de uma pessoa com um objeto, protegida pelo Estado, que revela seu interesse mediante normas que proíbem determinadas condutas que as afetam, aquelas que são expressadas com a tipificação dessas condutas.

58 Da justiça e do pragmatismo político.

Bitencourt[59] afirma que nessas questões é essencial ter os pés no chão. Não há lugar para inconseqüência. Não se pode trabalhar com utopias. Leis são criadas a todo o momento, mas não há como se resolver o problema da criminalidade brasileira apenas de foram legislativa. Mesmo quando se refere às leis que tratam dos crimes de menor potencial ofensivo, elogia a salutar idéia da transação e conciliação, que, segundo ele, "não resolvem nem foram criadas para suturar a verdadeira chaga da delinqüência de nosso país, a que nos preocupa e assusta a todos, por espalhar pânico entre os cidadãos de bem dos maiores aglomerados urbanos".

Com vontade política, realiza-se o que o Brasil necessita: propostas pragmáticas que ofereçam resultados palpáveis e sustentáveis em curto prazo.

Vive-se num contexto de mudanças e oportunidades. Essa conjuntura reclama por políticas públicas e institucionais que estabeleçam princípios eficientes e eqüitativos que mitiguem o problema da insegurança e da delinqüência, mas devem, ao mesmo tempo, recuperar a confiança da sociedade e acumular capital para lograr um desenvolvimento durável e sustentável.

Requerem-se missão e metodologia. O propósito é prevenir e persuadir o delinqüente ou o potencial delinqüente a abandonar a vida criminosa, que se concretiza com educação e democratização das possibilidades de acesso a cultura e fontes lícitas geradoras de riqueza, demonstrando efetivamente a transparência e a impunidade, proporcionando eficiência aos sistemas de administração da justiça, diferenciando políticas e programas para os diferentes delitos, além de estabelecer políticas eficazes nos processos de integração, prevenção, despersuasão e de castigo.

O que se lamenta é que não há um paradigma para diagnosticar e propor soluções com referência ao problema da criminalidade, nem tãopouco é algo necessariamente menor que qualquer outro problema que a sociedade enfrente, como crise no sistema previdenciário, na saúde, na matriz energética, na superpopulação, na fome, na miseralibidade e pobreza, entre tantos outros. Esse estudo apenas contextualiza o crime

---

59 BITENCOURT, Cezar Roberto. Juizados especiais criminais. São Paulo: RT, 1996.

sob a racionalidade econômica, essencial, mas não completa, da atividade delitiva.

Por meio de conceitos econômicos básicos como a racionalidade, maximização, custos e benefícios esperados, equilíbrio e eficiência, pode-se traçar políticas de combate à criminalidade. O paradigma econômico não é um conjunto de proposições analíticas que se desprendem inexoravelmente do mundo dos fatos. Está lastreado em tradicionais investigações, análises e explorações dos acontecimentos.

Os críticos dos modelos econômicos os desprestigiam sob a acusação de serem meros padrões de perfeição lógica. Ora, a persistente vitalidade da análise econômica do crime não é a sua perfeição, mas sim justamente a evidência de conhecer quando um indivíduo deve envolver-se em problemas e como converter o comportamento de ações indesejáveis para a sociedade em ações que incrementam o bem-estar social.

ANEXO 1
Projeto TV Presídio
(prevenindo e persuadindo)

O propósito do Projeto TV Presídio é prevenir e persuadir o delinqüente, ou o potencial delinqüente a abandonar a vida criminosa, que se faz com educação e democratização das possibilidades de acesso a cultura e fontes lícitas geradoras de riqueza.

Tal ação é pôr em prática o exercício dos Direitos Humanos, sem retórica.

Ao abordarmos os direitos humanos, devemos lembrar que são conquistas do ser humano na luta por melhores condições de vida. Podemos nos referir aos direitos que estão elencados na Constituição brasileira ou a outros presentes nas diversas Declarações de Direitos. Porém, isso não significa que estejam presentes na realidade social de um grande contingente populacional. Devemos entender direitos humanos como os direitos mínimos para uma pessoa ter uma vida digna.

Os direitos humanos não podem ficar restritos à sua validade formal, considerando sua efetividade, bem como a análise do conhecimento e das imagens formadas pelos sujeitos destinatários das normas.

Enquanto os direitos humanos não forem efetivados concretamente, nossas cartas constitucionais representarão apenas cartas de boas intenções, sem nenhuma garantia de sua efetividade, pois, de acordo com Bobbio[1]:

... uma coisa é um direito; outra, a promessa de um direito futuro. Uma coisa é um direito atual; outra, um direito potencial. Uma coisa é ter um direito que é, enquanto reconhecido e protegido; outra é ter um direito que deve ser, ou para que passe do dever ser ao ser, precisa transformar-se de objeto de discussão de uma assembléia de especialistas em objeto de decisão de um órgão legislativo dotado de poder de coerção.

A proteção dos direitos humanos por normas jurídicas é necessária para garantir sua efetividade e os meios adequados à sua observação e, em última instância, seu cumprimento. É essencial que o homem disponha de instrumentos jurídicos para lutar por esses direitos, uma vez que o poder transferido ao Estado é delegado pelo povo.

Apesar de a norma constitucional apresentar instrumentos de garantias aos direitos, a efetividade na aplicação dessas garantias resta prejudicada por inúmeros empecilhos, enraizados nos sistemas judicial, político e prisional brasileiro.

As garantias são os instrumentos concretos de proteção dos direitos no Judiciário. Porém, esses instrumentos não resolvem a problemática que paira sobre o sistema estatal no que se refere à promoção dos direitos humanos aos cidadãos. Embora todas essas garantias estejam elencadas na Constituição Federal, são apenas garantias formais constitucionais que o cidadão tem para buscar a proteção de um direito lesado ou ameaçado de lesão, o que não é suficiente para garantir a efetividade dos direitos humanos.

Evidencia-se, desta forma, a cogente necessidade da revisão das práticas adotadas pelo Estado, a fim de garantir aos cidadãos brasileiros esses direitos essenciais à pessoa humana, em diversos aspectos, especificamente, neste caso, o que se relaciona ao sistema prisional brasileiro e ao direitos dos presos.

Para a busca judicial dos direitos humanos, é necessária não só a garantia por meio das normas jurídicas, mas também a possibilidade da

---

[1] BOBBIO, Norberto. **A era dos direitos**. Tradução de Carlos Nelson Coutinho. Rio de Janeiro: Campus, 1992, p. 217.

busca de seu cumprimento, não somente por parte do Estado, como também por parte de qualquer outro órgão do poder público ou privado.

Esse contexto é evidente quando visto sob a ótica dos apenados brasileiros, que se encontram desamparados e à margem de um sistema prisional precário e ineficiente, que não proporciona o que deveria ser sua real finalidade, qual seja, a promoção da segurança pública por meio da detenção de indivíduos que representem perigo à sociedade e que, por esse fato, dela devem ser afastados, sem que, contudo, sejam privados de seus direitos básicos e essenciais, sem os quais, nenhum cidadão teria condições de se enquadrar às normas sociais e de procurar a reintegração, mesmo que para isso deva cumprir a pena proporcional e condizente com seus atos.

O desrespeito aos direitos dos presos é freqüentemente denunciado pelos defensores dos direitos humanos e essa atuação constante é evidenciada em razão do aprofundamento da violência e pela popularização dessas ocorrências pelos meios de comunicação. Alguns tentam associar o movimento de direitos humanos à defesa de bandidos e da impunidade, o que é bastante conveniente aos que pretendem transferir para os criminosos a responsabilidade única e exclusiva pela criminalidade no País. No entanto, os movimentos de direitos humanos procuram defender o respeito à dignidade do ser humano – que, ao ser preso, torna-se vulnerável e tem seus direitos humanos desrespeitados sistematicamente.

Defender os direitos de suspeitos e presos é apenas uma parte do trabalho dos movimentos de direitos humanos. Centenas de organizações governamentais e não-governamentais atuam no País defendendo as parcelas mais vulneráveis da população e nas mais diversas frentes – combate ao racismo, à violência e à impunidade, à mortalidade infantil, direito de acesso à moradia e à terra para plantar, à educação, à saúde, à igualdade de oportunidades, entre muitas outras linhas de atuação.

Em razão dessas constatações, a reflexão se faz necessária para que sejam adotadas medidas efetivas no combate ao problema enfrentado atualmente pela sociedade brasileira. Refletir a respeito da necessidade de se refrear o modelo que é reprodutor da delinqüência, também sobre a questão do custo/benefício da pena de prisão, proporcionará a identificação das medidas cabíveis para se chegar a uma solução. Além disso, deve-se priorizar a eficiência do modelo jurisdicional brasileiro, aplicando-se as leis de maneira a garantir um processo judicial integralmente menos oneroso e mais eficaz para o Estado.

A partir de tais reflexões e com o escopo de promover a educação aos apenados, é que foi elaborado o Projeto TV Presídio, pelo Instituto de Reintegração e Reinserção Social (IRRS), na forma de uma organização não governamental sem fins lucrativos.

A população carcerária cresce 6% ao ano sem que novas vagas sejam criadas no mesmo ritmo. Estatísticas demonstram que no Brasil, se considerarmos um período de um ano, a população de presos cresce muito mais rapidamente do que aquela em liberdade, ao mesmo tempo em que não se verifica um aumento significativo nos índices de criminalidade.

Por sua vez, pesquisas em outros países já demonstraram que um aumento de 25% na taxa de encarceramento produz uma redução de apenas 1% na taxa de criminalidade.

Segundo estimativas do CENSO, cerca de 50% dos presos encontram-se detidos em delegacias policiais ou cadeia públicas, muitos deles já condenados, todos abrigados em condições absolutamente degradantes, disputando espaço para dormir por absoluta falta de vagas nas penitenciárias. Além disso, o porcentual estimado dos presos que cometeram crimes de menor gravidade e sem violência e poderiam estar sendo punidos com a prestação de serviços à comunidade é de aproximadamente 40%.

Diante desse panorama e analisando a situação problemática em que se encontra o sistema prisional brasileiro é que está estabelecida a principal finalidade do presente projeto, que é trazer o indivíduo apenado novamente ao convívio social, reinserindo-o à sociedade por meio de programas de capacitação profissional.

O modelo proposto para educação no sistema penitenciário é a distância, na modalidade telepresencial, isto é, aulas transmitidas via satélite, voltadas exclusivamente para esse público, em rede fechada de televisão, tendo por objetivo a capacitação profissional por meio de cursos técnicos, tecnólogos, superiores, e até mesmo de alfabetização, ensinos fundamental e médio, visando desenvolver nos presos potencialidades específicas e necessárias, para seu retorno ao ambiente social.

Entretanto, esse retorno não seria marcado pelo mero afastamento das práticas criminosas difundidas no ambiente penitenciário, mas sim por sua inclusão, digna no mercado de trabalho. A educação favoreceria o preso no encontro da mudança de seu comportamento, ponto principal na conquista desta liberdade. A ressocialização do apenado merece a consideração de que em alguma fase de sua vida foi impedido de desenvolver suas potencialidades.

O indivíduo preso, julgado e condenado pela justiça e que não tem nem formação técnica ou mesmo uma profissão, já não tem expectativas de encontrar no mercado de trabalho sua reinserção social.

O avanço da tecnologia, porém, vem abrir novos caminhos para o sistema de ensino. Faz-se necessário repensar as formas de ensinar e aprender para que seja, então, possível e viável a reinserção social do preso.

Estando a pessoa impossibilitada de sair do presídio, por cumprir pena em regime fechado ou mesmo semi-aberto, é possível sua participação em aulas expositivas. A tecnologia disponível de transmissão dessas aulas expositivas vem auxiliar os educadores, no sentido de promover meios facilitadores para que o conhecimento possa chegar ao indivíduo e viabilizar sua conquista de forma gradativa.

A situação dos presos que estão em regime fechado é ainda mais delicada, pois se trata de um grupo que está impedido de sair do sistema prisional pela sua condição.

Cabe ressaltar que o regime fechado caracteriza-se por uma limitação das atividades em comum dos presos e por maior controle e vigilância deles. Por esse motivo, os presos cumprem a sentença intramuro e a execução ocorre em estabelecimento de segurança máxima ou média.

Nessa modalidade de educação, a telepresencial, o professor a distância deixa de estar presente em sala de aula, entretanto a relação interpessoal, que é tão essencial à educação, é mantida pela presença de um tutor, podendo ser um apenado, que não necessariamente tenha conhecimento profundo dos temas abordados, já que estes serão transmitidos via satélite. O tutor tem a função de mero facilitador. Essa atribuição pode ser dada a um agente penitenciário ou mesmo a um preso. Todos lecionariam ou desenvolveriam a tutoria por interesse ou necessidade de preparar a remição de sua pena, ensinando aos demais presos que estão em condição menos favorável. Neste caso, eles estariam trabalhando com o objetivo de remir a pena, mas no caso dos presos que estudam, a situação seria diferente. Em alguns estados do Brasil, as Varas de Execução Criminal favorecem os presos estudantes com a remição da pena, com uma contagem diferenciada da dos que trabalham.

É neste quadro que a educação a distância surge como uma nova perspectiva no campo educacional, porém é preciso ter uma sociedade comprometida com um projeto que leve à conquista de sua cidadania, para que, então, tudo dê certo.

Ao defender as possibilidades de aquisição de conhecimento por meio da educação a distância via satélite, por pessoas encarceradas, busca-se demonstrar que por meio da educação é possível promover mudanças no comportamento humano. Para tanto, é preciso que os presos tenham condições de reverter sua condição social. Torna-se imprescindível, então, desenvolver nos presos interessados as potencialidades específicas e necessárias para que o processo tenha êxito. As potencialidades podem ser adquiridas por meio das informações, dos conhecimentos, do estudo, da educação e, por que não dizer, da educação via satélite.

Referências bibliográficas

BARRETTO, Elba Soqueira de Sá, PINTO, Regina Pahim e MARTINS, Ângela Maria. **Formação de docentes a distância**: reflexões sobre um programa. *In* Cadernos de Pesquisa. Revista Quadrimestral n.º 106, Fundação Carlos Chagas, editora Autores Associados: São Paulo, 1999

BELLONI, Maria Luiza. **Educação a distância**. Campinas/SP: Autores Associados, 2001, 2. ed., (Coleção Contemporânea).

BOBBIO, Norberto. **A era dos direitos**. Tradução de Carlos Nelson Coutinho. Rio de Janeiro : Campus, 1992.

BRASIL. **A nova constituição brasileira**: promulgada aos 10 de novembro de 1937. Rio de Janeiro: A. Coelho Branco F.º,1938

_____. **A constituição de 1824**. São Paulo: Programa Nacional de Desburocratização – PrND & Fundação Projeto Rondon – MINTER. (Coleção As Constituições do Brasil).

_____. **A constituição de 1891**. São Paulo: Programa Nacional de Desburocratização – PrND & Fundação Projeto Rondon – MINTER. (Coleção As Constituições do Brasil).

_____. **A constituição de 1946**. São Paulo: Programa Nacional de Desburocratização – PrND & Fundação Projeto Rondon – MINTER. (Coleção As Constituições do Brasil).

_____. **constituição da república federativa do Brasil**. Brasília: Senado Federal, Subsecretaria de Edições Técnicas, 2001.

_____. **Lei de execução penal**. Organização dos textos, notas remissivas e índices por OLIVEIRA, Juarez. São Paulo: Saraiva, 1984.

CARNEIRO, Levi Fernandes. **Pela nova constituição**. Rio de Janeiro: A. Coelho Branco Fº, 1936

CASTRO, Raimundo Araújo de. **Manual da constituição brasileira de 1891**. Rio de Janeiro: Leite Ribeiro & Maurillo, 1918.

CAVALCANTI, Themístocles Brandão; BRITTO, Luiz Navarro e BALEEIRO, Aliomar. **A constituição de 1967**. Brasília: Centro de Ensino a distância, 1987.

EMERENCIANO, Maria do Socorro Jordão; SOUZA, Carlos Alberto Lopes de e FREITAS, Lêda Gonçalves de. **Ser presença como educador, professor e tutor**. Brasília: Revista Digital da CVA-RICESU, v.1, n. 1, agosto de 2001.

FALCÃO, Gérson Marinho. **Psicologia da aprendizagem**. São Paulo: Ática S/A, 5. ed., 1989.

FALCONI, Romeu. **Sistema presidial**: reinserção social? São Paulo: Ícone, 1998.

FREIRE, Paulo. **Pedagogia da autonomia**: Saberes necessários à prática educativa. São Paulo: Paz e Terra, 1997, 6. ed.

_____. **Pedagogia do oprimido**. São Paulo: Paz e Terra, 1987.

_____. **Educação e mudança**. Rio de Janeiro: Paz e Terra, 1979.

FURLANI, Lúcia Maria Teixeira. **Autoridade do professor**: meta, mito ou nada disso? São Paulo: Cortez: Autores Associados, 1988, (coleção polêmicas do nosso tempo).

GUARANYS, L. R. dos e CASTRO, C. M. **O ensino por correspondência**: Uma Estratégia de Desenvolvimento Educacional no Brasil. Brasília: UnB/IPEA, 1979.

JAGUARIBE, Helio. **Um estudo crítico da história**. (tradução de Sérgio Bath). São Paulo: Editora Paz e Terra, 2001, 2v

JESUS, Damásio Evangelista de. **Direito penal**. São Paulo: Saraiva, 2001, volume 1 - Parte Geral.

JÚNIOR, Paulo Chiraldelli. **História da educação**. São Paulo, editora Cortez, 2000, 2. ed. revisada.

KUEHNE, Maurício. **Lei de execução penal e legislação complementar**. Curitiba: JM, 2. ed., 2000.

LAGE, Cícero Carvalho. **Noções teóricas e práticas de ciência criminal e penitenciária**. São Paulo: Edições Leia, 1965.

LIBÂNEO, José Carlos. **Adeus professor, adeus professora? Novas exigências educacionais e profissão docente**. São Paulo: Cortez, 1998 (coleção Questões da Nossa Época ; v. 67)

MELLO, Marcondes Homem de. **A constituição perante a história**: 1837 a 1918. Rio de Janeiro: Ed. Fac Sim, 1996

MESQUITA, Maria Elenise de Sousa e LÚCIO, Maria Elda. **Televisão educativa do Ceará - 18 Anos**: uma experiência que vem dando certo. In Educação a Distância, Brasília: UnB/INEB, n°. 1, junho/1992,

MIOTTO, Armida Bergamini. **Curso de direito penitenciário**. São Paulo/SP: Saraiva, 1975.

_____. **Temas penitenciários**. São Paulo/SP: Revista dos Tribunais, 1992

MIRABETE, Julio Fabrini. **Execução penal**: comentários à Lei n.° 7.210, de 11-7- 84. São Paulo: Atlas, 8. ed., 1997.

MONTENEGRO, Eraldo de Freitas e BARROS, Jorge P. D. **Gerenciando em ambiente de Mudança**. São Paulo: McGraw-Hill, 1988.

MUAKAD, Irene Batista. **Prisão albergue: reintegração social, substitutivos penais, progressividade do regime e penas alternativas**. São Paulo: Atlas, 1998.

NUNES, Ivônio Barros. **Noções de educação a distância**. In Educação a distância. Brasília: INED/UnB, 4/5: Dez./93-Abr/94.

_____. **Pequena introdução a educação a distância**. In Educação a distância. Brasília: INED/UnB, n°. 1, junho/92.

_____. **Educação a distância e o mundo do trabalho**. In Tecnologia educacional. Rio de Janeiro: ABT, 1992, v. 21, iul/ago.

OLIVEIRA, Edmundo, **Prisão e penas alternativas: origem e evolução histórica da prisão**, in **Revista prática jurídica**, Ano I, n.° 1 de 30/04/2002. Editora Consulex. Brasília/DF.

OLIVEIRA, Juarez. **Lei de execução penal**. São Paulo: Saraiva, 1984, 8. ed.

PETERS, Otto. **Didática do ensino a distância**. (tradução Ilson Kayser). Rio Grande do Sul: UNISINOS, 2001.

ROMANELLI, Otaiza de Oliveira. **História da educação no Brasil**: 1930 - 1973 Petrópolis: Vozes, 1991, 13. ed.

SAVIANI, Demerval. **A nova lei da educação**: LDB, trajetórias, limites e perspectivas. Campinas/SP: Autores Associados, 4. ed., 1998, (Coleção educação contemporânea).

WERNECK, Hamilton. **Ensinamos demais, aprendemos de menos**. Petrópolis: Vozes, 1989, 3. ed..

WICKERT, Maria Lucia Scarpini. Palestra apresentada na Mesa Redonda "O Futuro da educação a distância no Brasil", promovida pelo Centro de Educação Aberta, Continuada/CEAD, da Universidade de Brasília, em 05/04/99.

ANEXO 2
Estatutos da ONG – IRRS

ESTATUTO

CAPÍTULO I

Da entidade e seus fins

Art. 1º – IRRS – Instituto de Reintegração e Reinserção Social, constituído em 20 de setembro de 2002, é um instituto civil de direito privado, com personalidade jurídica, sem fins lucrativos, que visa dar conseqüência referente ao disposto na Constituição Federal referente à construção de uma sociedade livre, justa e solidária, visando a recuperação e reintegração social dos indivíduos condenados a penas em regimes fechado, semi-aberto e aberto, em *sursis*, em cumprimento de penas alternativas, com sede e foro em Curitiba, estado do Paraná, Brasil, na Praça Zacarias, n. 36, cj. 1.003, Edifício Santa Maria, Centro, CEP 80.020-927, a qual se regerá pelo presente estatuto e pela legislação aplicável à espécie.

§ 1º – Instituto de Reintegração e Reinserção Social, também denominado IRRS.

§ 2º – O IRRS desenvolverá suas atividades em todo o território nacional e manterá relações, acordos, convênios e cooperação com organismos e instituições públicas e privadas, de ensino e de educação, nacionais e internacionais, para a consecução de suas atividades e finalidades.

Art. 2º – O prazo de duração do IRRS será por tempo indeterminado.

Art. 3º – É finalidade do IRRS:
a) trazer o indivíduo apenado novamente ao convívio social, reinserindo-o à sociedade através de programas de capacitação profissional, assistência psicológica e social, prestando auxilio jurídico na substituição e conversão da pena dos indivíduos presos, bem como no acompanhamento processual destes;
b) retirar do cárcere aqueles condenados que já cumpriram a pena e ainda permanecem presos por esquecimento da justiça, propondo *habeas corpus*, revisão criminal e prestando assistência judiciária;
c) acompanhar o tratamento carcerário de presos, indiciados ou não, para que os direitos e garantias individuais sejam respeitados, sobretudo a integridade física, moral e psicológica, em delegacias, presídios, ou quaisquer estabelecimentos utilizados com o fim de privar o indivíduo de sua liberdade;
d) denunciar os abusos de autoridade cometidos contra encarcerados, apenados, tomando as medidas judiciais cabíveis.

Art. 4º – Das atividades básicas do IRRS:
a) auxiliar juridicamente na substituição, conversão da pena dos indivíduos presos, bem como no acompanhamento processual destes;
b) reintegração social do apenado, se possível converter a sua pena em prestação de serviços à comunidade;
c) propor revisão criminal;
d) propor *habeas corpus*;
e) prestar assistência judiciária;
f) criação de programas de capacitação profissional;

g) prestação de assistência jurídica, psicológica e social;
h) denúncia de maus tratos e abuso de autoridade.

CAPÍTULO II

Dos sócios

Art. 5º — Os sócios do IRRS serão todas as pessoas físicas e jurídicas, devidamente qualificadas, cujo pedido de admissão tiver sido aceito pela Diretoria Executiva.

§ 1º Sócios fundadores – são definidos como os que fundaram o presente instituto.

§ 2º Sócios – além dos fundadores, os definidos no art. 6. deste estatuto.

Art. 6º – Os sócios serão das seguintes categorias: a) fundadores; b) cooperadores; c) contribuintes.

§1º – São sócios fundadores os que tiverem assinado a ata de fundação do IRRS.

§2º – São sócios cooperadores as pessoas, empresas, organismos e instituições nacionais ou estrangeiras que cooperem com o IRRS técnica ou materialmente.

§3º – São sócios contribuintes as pessoas físicas ou jurídicas que subvencionarem o IRRS com doações ou pagamentos em espécie.

§ 4º – A forma, espécie e modalidade das contribuições das diversas categorias de sócios serão fixados pela Assembléia Geral Ordinária para aplicação no exercício.

§5º – As contribuições dos sócios estatutária e obrigatória, vencidas, se constituem em crédito líquido e certo do IRRS, para todos os fins de direito.

Art. 7º – São direitos dos sócios:

a) participar de todas as atividades do IRRS, sem distinção ou discriminação de qualquer espécie;
b) gozar dos benefícios que o IRRS proporcione;
c) apresentar à apreciação da entidade qualquer sugestão ou proposição, tendo em vista os objetivos do IRRS;
d) propor a admissão de novos associados;
e) assinar pedido de convocação de Assembléias Gerais Extraordinárias.

Art. 8º – São deveres dos sócios:

a) cumprir e fazer cumprir o presente Estatuto e prestar sua colaboração em todas as iniciativas do IRRS;
b) comparecer a todas as Assembléias Gerais;
c) pagar as contribuições.

Art. 9º – Perderá a condição de sócio aquele que tomar atitudes contrárias aos objetivos e finalidades do IRRS, se mostrar ostensivamente omisso às atividades ou aquele que deixar de pagar a contribuição prevista neste Estatuto, sendo facultado a Diretoria Executiva autorizar a readmissão mediante o pagamento das anuidades com atraso.
Parágrafo único: O afastamento ou execução será decidido pela Diretoria Executiva.

CAPÍTULO III

Da cooperação técnica

Art. 10 – O IRRS poderá criar meios de associação ou cooperação com pessoas físicas e jurídicas, nacionais ou estrangeiras, para a consecução de suas finalidades.

CAPÍTULO IV

Do patrimônio e sua utilização

Art. 11 – O patrimônio do IRRS será constituído:

a) por recursos que lhe foram destinados mediante acordos, convênios e contatos de cooperação técnica e financeira;
b) por contribuição dos sócios, doações, legados ou dotações que lhe forem feitas de pessoas físicas ou jurídicas, de direito privado, nacionais ou estrangeiras;
c) por bens e direitos provenientes de rendas patrimoniais;
d) pela receita de qualquer espécie de seus próprios serviços, bens ou atividades, inclusive direitos autorais ou patentes de invenção ou pesquisa que adquirir;
e) pelos bens móveis e imóveis que vier a adquirir;
f) pelas receitas eventuais, inclusive investimentos.
g) a alienação dos bens imóveis e de direitos dependerá da aprovação da Diretoria Executiva.

Art. 12 – O IRRS poderá fazer convênios, receber subsídios com ou sem encargos de organismos e entidades públicas ou privadas, nacionais ou estrangeiras, para a aplicação ou execução de seus objetivos estatutários.

CAPÍTULO V

Dos órgãos do IRRS

Art. 13 – O IRRS é constituído dos seguintes órgãos:

I – Diretoria Executiva
II – Departamentos

Da Diretoria Executiva

Art. 14 – A Diretoria Executiva é composta de uma presidenta, uma vice-presidenta, uma secretária e um tesoureiro.

Parágrafo único: A Diretoria Executiva poderá criar quantos departamentos auxiliares se fizerem necessários para o desenvolvimento de suas atividades, fixando em regimento interno suas atribuições.

Art. 15 – A Diretoria Executiva reunir-se-á ordinariamente uma vez a cada três meses, por convocação da presidenta, extraordinariamente, sempre que as circunstâncias o exigirem, também por convocação desta.

Art. 16 – As reuniões da Diretoria Executiva serão presididas pela Presidenta.

Art. 17 – Compete à Diretoria Executiva:

    a) cumprir e fazer cumprir o presente estatuto e outros regulamentos aprovados;
    b) fixar o valor da contribuição social;
    c) executar o plano de desenvolvimento do IRRS;
    d) exonerar a pedido, ou por motivos relevantes, sócios do quadro social;
    e) interpretar o presente estatuto;
    f) analisar e acatar ou não a entrada de novos sócios.

Art. 18 – Compete aos Departamentos:

    a) cumprir e fazer cumprir todas as diretrizes traçadas pela Diretoria Executiva;
    b) dar atendimento e receber as reclamações dos associados;
    c) auxiliar a Diretoria Executiva no que for solicitado.

Art. 19 – Compete à presidenta:

a) proteger o patrimônio do IRRS;
b) alienar, mediante aprovação da Diretoria Executiva, bens do IRRS;
c) realizar, mediante aprovação da Diretoria Executiva, a contratação de empréstimos e outras obrigações pecuniárias;
d) receber doações;
e) examinar e assinar, com o tesoureiro, balancetes mensais e balanços anuais;
f) aprovar propostas de inscrição de sócios;
g) assinar a correspondência;
h) receber citação em nome do IRRS;
i) representar o IRRS em juízo ou fora dele.

Art. 20 – Compete à vice-presidenta:

a) substituir a presidenta na sua ausência ou na impossibilidade.

Art. 21 – Compete à secretária:

a) organizar e dirigir todos os assuntos da secretaria;
b) responder pela guarda de valores e títulos;
c) movimentar contas bancárias e emitir cheques, juntamente com a presidenta;
d) assinar, com a presidenta, balancetes mensais, balanços e contratos de empréstimos.

CAPÍTULO VI

Art. 22 – O IRRS não tem finalidade lucrativa e suas receitas serão aplicadas na consecução de seus objetivos estatutários.

Art. 23 – Os cargos dos membros da Diretoria Executiva não serão remunerados.

Parágrafo único – Qualquer sócio, mesmo os integrantes da Diretoria, poderá ser contratado pela Diretoria Executiva e remunerado pela prestação de seus serviços profissionais no IRRS.

Art. 24 – A dissolução do IRRS somente poderá ser decidida em Assembléia Geral Extraordinária, sendo imprescindível a convocação pela sua presidenta e que a deliberação seja por maioria simples de votos dos presentes.

Parágrafo único: havendo a dissolução de que trata o *caput* deste artigo, o patrimônio deverá, primeiro, garantir o pagamento de funcionários e/ou serviços contratados, encargos trabalhistas, previdenciários, pagamento de tributos e, na hipótese de haver tal sobra, deverá ser doada para outras associações (sem fins lucrativos) ou entidades beneficentes, conforme deliberado na mesma Assembléia Geral Extraordinária que resolveu pela dissolução.

Art. 25 – A alteração do estatuto só poderá ser aprovada por unanimidade da Diretoria Executiva, sendo imprescindível a convocação de Assembléia Geral Extraordinária para tal.

Art. 26 – Os casos omissos deste estatuto serão resolvidos pela Diretoria Executiva.

Art. 27 – Os sócios do IRRS não respondem subsidiariamente pelas obrigações contraídas pela entidade, respondendo por estas o patrimônio social.

Art. 28 – O IRRS poderá filiar-se ou associar-se e congregar-se a outras associações, instituições, fundações ou similares. Como entidades conveniadas, cooperadas ou associadas, visando atingir as mesmas finalidades e objetivos.

Curitiba, 20 de setembro de 2002

ANEXO 3
Regimento Interno do – IRRS

REGIMENTO INTERNO

CAPÍTULO I
Diretores e dirigentes

Art. 1º – A cada 4 (quatro) anos, em Assembléia Geral Extraordinária, serão indicados os membros da Diretoria Executiva e do Conselho Fiscal. O presidente da sessão solicitará aos sócios do IRRS que indiquem candidatos a presidente, vice-presidente, secretário, tesoureiro e membros do Conselho Fiscal.
Parágrafo único: As indicações podem ser apresentadas pelos sócios presentes.

Art. 2º – As indicações devidamente apresentadas, relativas a cada um dos cargos, serão colocadas em uma cédula, em ordem alfabética, e serão submetidas à votação na Assembléia Geral. Os candidatos a presidente, vice-presidente, secretário e tesoureiro que receberem a maioria simples de votos serão declarados eleitos.

Art. 3º – Em caso de empate entre candidatos a um mesmo cargo, será promovida nova votação entre os candidatos e os cargos em que houve o empate.

Parágrafo único: Persistindo o empate, mesmo após a segunda votação, o Presidente em exercício poderá, a seu critério, indicar o candidato a ocupar o cargo entre aqueles que concorreram para o empate em segunda votação.

Art. 4º – O presidente eleito nessa votação servirá como membro da Diretoria Executiva na qualidade de presidente, durante o ano que começa na data prevista na mesma Assembléia Geral, durante 4 (quatro) anos consecutivos.

Art. 5º – Também serão eleitos, na forma anterior, os componentes do Conselho Fiscal, até o número de 3 membros, cada qual com o seu suplente.

Art. 6º – Qualquer vacância verificada na Diretoria Executiva ou em qualquer outro cargo será preenchida por meio de deliberação dos demais membros da Diretoria Executiva, até a realização da Assembléia Geral seguinte, quando possa ser o cargo submetido à nova eleição para ocupá-lo.

CAPÍTULO II
Conselho Fiscal

Art. 7º – O órgão consultivo do IRRS será o Conselho Fiscal composto por 3 sócios do IRRS, livremente indicados e eleitos na forma do capítulo anterior deste regimento interno, e também pelo presidente, Vice-Presidente, Secretário, Tesoureiro.

Art 8º – O Conselho Fiscal deverá se reunir no mínimo uma vez por ano, para apreciação das contas relativas ao exercício fiscal anterior, nos termos do estatuto social, e deliberação sobre questões relevantes que lhe sejam propostas pela Diretoria Executiva, ou a pedido de 51% dos sócios do IRRS, quites com as obrigações sociais.

CAPÍTULO III
Deveres dos dirigentes

Art. 9º – *Presidente*. Será dever do Presidente presidir as reuniões do IRRS, sejam estas da Diretoria Executiva ou do Conselho Fiscal, e desempenhar as demais obrigações ordinariamente atribuídas ao seu cargo, no Estatuto Social.

Art. 10 – *Vice-presidente*. Será dever do vice-presidente presidir as reuniões do IRRS e da Diretoria Executiva na ausência do presidente e desempenhar as demais obrigações ordinariamente atribuídas ao seu cargo, no Estatuto Social.

Art. 11 – *Secretário*. Será dever do secretário manter a lista de sócios, registrar o comparecimento às reuniões, expedir avisos das reuniões e assembléias, do Conselho Fiscal e de quaisquer outras promovidas pelos sócios do IRRS, lavrar e arquivar as atas de tais reuniões e desempenhar as demais funções ordinariamente atribuídas a seu cargo.

Art. 12 – *Tesoureiro*. Todos os fundos arrecadados ficarão sob a responsabilidade do tesoureiro, que prestará anualmente conta deles ao IRRS e em qualquer outra ocasião em que assim o exigir a Diretoria Executiva ou o Conselho Fiscal e desempenhará as demais obrigações ordinariamente atribuídas ao cargo. Ao término do seu mandato, entregará ao seu sucessor ou ao presidente todos os fundos, livros de contabilidade ou quaisquer outros bens ou registros do IRRS que estiverem em seu poder.

CAPÍTULO IV
Assembléias e reuniões

Art. 13 – *Assembléia Geral Ordinária*. A Assembléia Geral Ordinária do IRRS será realizada duas vezes por ano, uma em cada semestre, no primeiro semestre do ano para a aprovação das contas do exercício fiscal anterior e no segundo semestre para a aprovação dos projetos e orçamentos para o exercício fiscal seguinte, bem como em época própria para a indicação e eleição de nova Diretoria Executiva e Conselho Fiscal.

§ 1º – A convocação para a Assembléia Geral Ordinária far-se-á por meio de edital fixado na sede do IRRS e/ou publicado na imprensa local, por circulares, correspondências ou outros meios convenientes e eficientes, com antecedência mínima de 8 (oito) dias.

§ 2º – Serão convocados todos os sócios (pessoa física) registrados no IRRS e quites com suas obrigações sociais e estatutárias.

§ 3º – Sócios (pessoa jurídica) não poderão participar das deliberações da Assembléia Geral, tampouco se representados por prepostos ou mandatários, podendo somente tomar parte destas como ouvintes, não lhes sendo dada a palavra, nem direito a voto em quaisquer assuntos.

Art. 14 – *Assembléia Geral Extraordinária*. A Assembléia Geral Extraordinária do IRRS realizar-se-á sempre que houver convocação, nos mesmos prazos e procedimentos da Assembléia Geral Ordinária, quando solicitada pela Diretoria Executiva, pelo Conselho Fiscal ou por requerimento expresso de 51% (cinqüenta e um por cento) dos sócios quites com as obrigações sociais, em documento devidamente assinado pelos solicitantes.

§ 1º – As convocações para as Assembléias Gerais deverão conter a pauta principal de discussões a serem tratadas na respectiva assembléia, seja esta ordinária, seja extraordinária.

§ 2º – O *quorum* tanto para a Assembléia Geral Ordinária quanto para as Extraordinárias do IRRS será constituído por sócios representando uma terça parte do quadro social, em primeira chamada e com qualquer quorum em segunda chamada.

§ 3º – As deliberações e os assuntos do IRRS serão resolvidos mediante votação oral, durante a Assembléia constituída, por maioria simples, para quaisquer assuntos, exceto para:
    I) destituição de componente da Diretoria Executiva ou Conselho Fiscal, devidamente motivada, cuja decisão represente 2/3 (dois terços) dos sócios regularmente inscritos e quites com as obrigações estatutárias, que atenderam ao chamado para a Assembléia com esta finalidade;

II) alterações estatutárias, que deverão estar respaldadas em decisão que represente 2/3 (dois terços) dos sócios regularmente inscritos e quites com as obrigações estatutárias, que atenderam ao chamado para a Assembléia com esta finalidade;

III) dissolução do IRRS e devida destinação de seu patrimônio, cuja decisão represente 2/3 (dois terços) dos sócios regularmente inscritos e quites com as obrigações estatutárias, que atenderam ao chamado para a Assembléia com esta finalidade.

Art. 15 – As reuniões regulares da Diretoria Executiva serão realizadas na primeira semana do mês, a cada dois meses.

Parágrafo Único: As reuniões extraordinárias da Diretoria Executiva serão convocadas pelo presidente, sempre que este julgar necessário, ou mediante solicitação de dois membros do Conselho Fiscal, com a devida notificação.

Art. 16 – *Quorum* para as reuniões do Conselho Fiscal será constituído pela maioria dos membros do conselho.

CAPÍTULO VI
Atividades das comissões

Art. 17 – *Comissões*. São chamadas de Comissões os grupos de sócios, ou atividades inerentes às finalidades estatutárias, que segmentam e ordenam a atuação nas diversas frentes de ação do IRRS.

§ 1º – O presidente do IRRS criará, sujeito à aprovação da Diretoria Executiva, as seguintes Comissões:

I) Comissão de Assistência Judiciária Penal;

II) Comissão de Assistência Judiciária Civil;

III) Comissão de Reinserção Social.

§ 2º – Cada uma das Comissões mencionadas acima será constituída de um coordenador, a ser designado pelo presidente do IRRS entre os sócios do IRRS, e de pelo menos mais um outro componente.

§ 3º – Cada Comissão cuidará dos assuntos que lhe são atribuídos neste Regimento Interno e de outros assuntos adicionais que lhe possam ser delegados pelo Presidente ou Diretoria Executiva.

§ 4º – Exceto mediante autorização expressa da Diretoria Executiva, as Comissões não poderão praticar quaisquer atos que não tenham sido expressamente aprovados pela Diretoria Executiva, após a análise de um relatório previamente submetido a esta.

§ 5º – Sempre que possível e viável, as indicações dos Coordenadores das Comissões do IRRS deverão estar acompanhadas de um projeto de Trabalho referente à continuidade dos trabalhos que estiverem sendo desenvolvidos e os que se pretende desenvolver na respectiva Comissão.

Art. 18 – Comissão de Assistência Judiciária Penal (Cajupe).

I) O coordenador da Cajupe será responsável por todas as atividades relacionadas à assistência judiciária penal dos apenados atendidos pelo IRRS, supervisionando o trabalho relacionado aos aspectos jurídico penais do Instituto.

II) O coordenador do Cajupe nomeará, sujeito à aprovação da Diretoria Executiva, os sócios encarregados de acompanhar as seguintes atividades:

    a) interposição de *habeas corpus*;

    b) revisões criminais;

    c) atendimento a cartas dos apenados;

    d) atendimento a família dos apenados;

Art. 19 – Comissão de Assistência Judiciária Civil (Cajuci).

I) O coordenador da Cajuci será responsável por todas as atividades relacionadas à assistência judiciária civil e previdenciária dos apenados atendidos pelo IRRS, superv isionando todo o trabalho relacionado aos aspectos jurídico-civis e previdenciários do Instituto.

II) O coordenador do Cajuci nomeará, sujeito à aprovação da Diretoria Executiva, os sócios encarregados de acompanhar as seguintes atividades:

a) atendimento a família dos apenados;
b) solicitação de Benefício-Reclusão;
c) atendimento a cartas dos apenados em aspectos jurídicos, que não penais, e que estejam abrangidos pelos objetivos constantes no estatuto social.

Art. 20 – Comissão de Reintegração e Reinserção Social (Correso).

I) O coordenador da Correso será responsável por todas as atividades relacionadas à busca de alternativas para a reinserção social dos apenados atendidos pelo IRRS, supervisionando e orientando o trabalho relacionado aos aspectos sociais, educacionais e assistenciais desenvolvidos pela Correso.

II) O coordenador da Correso nomeará, sujeito à aprovação da Diretoria Executiva, os sócios encarregados de acompanhar as seguintes atividades:

a) desenvolvimento de alternativas à reinserção cultural e educacional do apenado;

b) desenvolvimento de alternativas à profissionalização do apenado;

c) encaminhamento de apenados e suas famílias a instituições de assistência psicológica e social, que prestem serviços gratuitamente;

Art. 21 – Comissão de Direitos Humanos e Cidadania (Codihuci).

I) O coordenador da Codihuci será responsável por todas as atividades relacionadas à defesa dos direitos humanos e cidadania pelo IRRS, supervisionando o trabalho relacionado aos aspectos jurídicos e/ou institucionais desenvolvidos pela Codihuci.

II) O coordenador da Codihuci nomeará, sujeito à aprovação da Diretoria Executiva, os sócios encarregados de acompanhar as seguintes atividades:

a) orientação de pesquisas científicas e pareceres relacionados à preservação e à garantia mínima dos direitos

humanos em ambiente carcerário, capazes de gerar alternativas viáveis ao poder público na preservação da dignidade humana dos apenados encarcerados;
b) orientação de pesquisas acadêmicas relacionadas às políticas carcerárias adotadas pelo poder público, estimulando a discussão em ambiente universitário, especialmente;
c) encontros formadores de opinião acerca dos direitos humanos e garantias fundamentais nos presídios e cadeias nacionais, por meio de seminários, palestras, entrevistas, ou quaisquer outras formas de comunicação que possam contribuir para a divulgação das atividades do IRRS – sejam estes eventos abertos ao público ou de acesso restrito;
d) ações civis públicas e outras que se fizerem necessárias à preservação de um mínimo de dignidade ao apenado;

CAPÍTULO VII
Deveres das comissões

Art. 22 – Comissão de Assistência Judiciária Penal (Cajupe). Esta comissão organizará e instaurará os planos que orientarão e ajudarão os Sócios do IRRS a desincumbirem-se de suas responsabilidades em assuntos relacionados à assistência judiciária penal dos apenados.

§ 1º – O coordenador desta comissão será responsável pela indicação e acompanhamento das medidas judiciais propostas para atendimento dos casos trazidos ao IRRS e também deverá manter a Diretoria Executiva informada a respeito de todas as atividades por sua comissão desenvolvidas.

§ 2º – A Cajupe trabalhará no sentido de obter recursos humanos e físicos necessários ao efetivo desempenho de suas atividades, sejam eles provenientes de instituições de ensino jurídico ou o patrocínio de quaisquer outras instituições às causas acompanhadas pelo IRRS.

Art. 23 - Comissão de Assistência Judiciária Civil (Cajuci). Esta comissão organizará e instaurará os planos que orientarão e ajudarão os sócios do IRRS a desincumbirem-se de suas responsabilidades em assuntos relacionados à assistência judiciária civil dos apenados.

§ 1º - O coordenador desta comissão será responsável pela indicação e acompanhamento das medidas judiciais propostas para atendimento dos casos trazidos ao IRRS e também deverá manter a Diretoria Executiva informada a respeito de todas as atividades por sua comissão desenvolvidas.

§ 2º - A Cajupe trabalhará no sentido de obter recursos humanos e físicos necessários ao efetivo desempenho de suas atividades, sejam eles provenientes de instituições de ensino jurídico ou o patrocínio de quaisquer outras instituições às causas acompanhadas pelo IRRS.

Art. 24 - Comissão de Reintegração e Reinserção Social (Correso). Esta comissão organizará e instaurará os planos que orientarão e ajudarão os sócios do IRRS a desincumbirem-se de suas responsabilidades em assuntos relacionados com a reintegração e reinserção social dos apenados.

§ 1º - O coordenador desta comissão será responsável pela indicação e acompanhamento das medidas necessárias à ressocialização dos casos trazidos ao IRRS e também deverá manter a Diretoria Executiva informada a respeito de todas as atividades por sua comissão desenvolvidas.

§ 2º - A Correso trabalhará no sentido de obter os recursos humanos e físicos necessários ao efetivo desempenho de suas atividades, sejam eles provenientes de instituições de ensino técnico e/ou superior nas áreas de psicologia, fisioterapia, terapia ocupacional, capacitação profissional, assistência social e quaisquer outras áreas que possam contribuir com a melhoria da qualidade de vida do apenado e sua família, bem como o patrocínio de quaisquer outras instituições às causas acompanhadas pelo IRRS. Pode para isso, criar subcomissões que atuem em diferentes áreas de forma coordenada e eficiente.

Art. 25 - Comissão de Direitos Humanos e Cidadania (Codihuci). Esta comissão organizará e instaurará os planos que orientarão e ajudarão os sócios do IRRS a desincumbirem-se de suas responsabilidades em assuntos relacionados à busca e preservação dos direitos humanos e cidadania dos apenados.

§ 1º – O coordenador desta comissão será responsável pela indicação e acompanhamento das atividades necessárias ao estudo e à divulgação de propostas que visem à disseminação de iniciativas voltadas à preservação da dignidade humana, direitos humanos e cidadania em ambiente carcerário, bem como a minimização do preconceito social em relação ao apenado, devendo manter a Diretoria Executiva informada a respeito de todas as atividades por sua comissão desenvolvidas.

§ 2º – A Codihuci trabalhará no sentido de obter recursos humanos e físicos necessários ao efetivo desempenho de suas atividades, sejam eles provenientes de instituições de ensino técnico e/ou superior em áreas que possam contribuir com métodos e informações úteis e necessárias à promoção dos direitos humanos e cidadania, bem como o patrocínio de quaisquer outras instituições às causas acompanhadas pelo IRRS. Pode para isso, criar subcomissões que atuem em diferentes áreas de forma coordenada e eficiente.

Art. 26 – Os coordenadores, de quaisquer comissões, deverão preocupar-se em manter ativos projetos previamente aprovados pela Assembléia Geral e Diretoria Executiva, cuidando e monitorando a manutenção dos registros de aferição das atividades, compostos por relatórios e estatísticas, bem como o estabelecimento de metas a serem atingidas a cada intervalo de tempo preestabelecido no projeto original de suas atividades.

CAPÍTULO IX
Finanças

Art. 27 – O tesoureiro deverá zelar pelo patrimônio financeiro do IRRS, depositando-o em quaisquer contas correntes e/ou aplicações financeiras, sempre mantendo a Diretoria Executiva informada acerca dos saldos e rendimentos financeiros.

Art. 28 – Todas as contas serão pagas em dinheiro ou por meio de cheques mediante apresentação de comprovantes hábeis ao perfeito e correto registro contábil.

Parágrafo único: Uma auditoria completa de todas as transações financeiras do IRRS deverá ser realizada anualmente por um auditor independente ou outra pessoa habilitada.

Art. 29 – Os dirigentes ou coordenadores que tenham fundos sob sua custódia deverão prestar caução para garantia dos fundos do IRRS, caso seja exigido pela Diretoria Executiva. O IRRS arcará com o custo de referida caução.

Art. 30 – No final de cada ano fiscal, a Diretoria Executiva deverá elaborar ou providenciar a elaboração de um orçamento das receitas e despesas calculadas para o ano, o qual, após ter sido aceito pela referida Diretoria, estabelecerá o limite das despesas correspondentes aos fins especificados.

CAPÍTULO X
Aceitação de sócios

Art. 31 – A proposição de nomes para tornarem-se sócios do IRRS deve ser feita por outro sócio, de qualquer categoria, sendo apresentada, por escrito ou verbalmente em Assembléia, à Diretoria Executiva pelo secretário do IRRS.

Art. 32 – A Diretoria Executiva deverá aprovar ou rejeitar a proposta de inclusão de sócio, no prazo de 30 dias após sua submissão, notificando em seguida a decisão por intermédio do secretário.

Art. 33 – Se a decisão da Diretoria Executiva for favorável, o candidato em perspectiva deverá ser informado sobre os propósitos do IRRS e as prerrogativas e responsabilidades dos sócios, bem como sobre a categoria de sócio na qual estará sendo admitido, após o que o candidato deverá assinar o formulário de pedido de admissão ao quadro social e autorizar a divulgação, ao IRRS, de seu nome e sua qualificação, como integrante do IRRS.

Art. 34 – Se, dentro de 7 (sete) dias após a divulgação de informações sobre o sócio em perspectiva, nenhum sócio apresentar à Diretoria Executiva objeção, mesmo que por escrito, contra essa proposta, então, o sócio em perspectiva será considerado sócio do IRRS.
Parágrafo único: Se a Diretoria Executiva receber alguma objeção, esta deverá apreciá-la no prazo de 5 (cinco) dias, emitindo parecer a respeito. Se, apesar da objeção, o candidato proposto for aprovado, este será considerado sócio apto a atuar em prol dos objetivos do IRRS nas causas a que se propuser.

Art. 35 – Após a indicação, na forma descrita nos parágrafos anterior, o Presidente deverá providenciar a apresentação oficial do novo sócio, o secretário do IRRS deverá inscrevê-lo no Livro de Sócios do IRRS, e, em se tratando de sócio honorário, será diplomado como militante pelos Direitos Humanos.
Parágrafo único: O sócio honorário, uma vez diplomado, estará habilitado a divulgar e defender, em encontros públicos, sejam eles de caráter acadêmico ou profissional, os direitos humanos e garantias fundamentais da população carcerária, em nome do IRRS, bem como propor medidas alternativas à atuação do poder público. Tais manifestações devem ser devidamente registradas e comunicadas ao IRRS.

Art. 36 – Qualquer categoria de sócio, poderá contribuir exclusivamente com seu trabalho ao IRRS, devendo, neste caso, assinar o termo de adesão a serviço voluntário, nos termos da Lei 9.608/98 em vigor, exceto para os sócios componentes da Diretoria Executiva ou Conselho Fiscal.
Parágrafo único: O Sócio que contribuir com seu trabalho ao IRRS, de forma regular e ininterrupta por no mínimo 11 (onze) meses, terá direito ao certificado de cidadão consciente e participante, no qual constará as atividades desenvolvidas, quantidade de horas dedicadas e benefícios à sociedade, decorrentes dos serviços prestados.

CAPÍTULO XI
Resoluções e manifestações públicas

Art. 37 – Nenhuma resolução ou moção que comprometa ou denigra a imagem do Instituto em qualquer assunto poderá ser tomada ou manifestada antes que a Diretoria Executiva seja comunicada.

Parágrafo único: As manifestações públicas de opiniões e idéias dos sócios do IRRS, que não tenham sido previamente discutidas e não constem em documentos de registros de atividades do IRRS, são de inteira responsabilidade de quem as pronunciou, e se resultarem em prejuízo ao IRRS, será passível de pedido de retratação em relação ao Instituto, não afastando a devida reparação dos danos que vier a causar.

CAPÍTULO XII
Acordos associativos

Art. 38 – Nos termos do estatuto social, poderá o IRRS celebrar acordos de cooperação, convênios, parcerias ou quaisquer outras formas associativas admitidas em direito, com organismos e instituições de ensino, educação ou assistência social, públicas ou privadas, nacionais ou estrangeiras, para a consecução de suas atividades e finalidades estatutárias.

§ 1º – A celebração de quaisquer acordos associativos deverá ser previamente avaliada e aprovada pela Diretoria Executiva, sendo válidos somente se assinados por pelo menos dois dos membros da Diretoria Executiva, em pleno gozo de suas atribuições.

§ 2º – Propostas de acordos associativos poderão ser feitas por qualquer dos coordenadores de comissões, devendo estes, em suas solicitações, expressamente, motivar e fundamentar o acordo, destacando todos os benefícios ao IRRS no atingimento de seus objetivos estatutários, bem como eventuais obrigações que possam decorrer destes.

CAPÍTULO XIII
Disposições finais

Art. 39 – Este regimento interno poderá ser alterado em qualquer reunião ordinária da Diretoria Executiva, devendo a alteração ser informada aos demais sócios do IRRS.

§ 1º – Uma vez notificada a alteração do presente regimento interno, terão os sócios 15 (quinze) dias para manifestar-se contrariamente às alterações e solicitar maiores esclarecimentos. Não ocorrendo quaisquer manifestações nesse período, considerar-se-á aceita a alteração, não podendo mais ser questionada, senão em Assembléia Geral.

§ 2º – Nenhuma alteração ou aditamento a este regimento interno poderá ser feito se não estiver em consonância com o estatuto social do IRRS, sendo nulas quaisquer disposições que contrariem o estatuto social.

ANEXO 4
Entrevista com Marcola, chefe do tráfico do PCC

Estamos todos no inferno. Não há solução pois não conhecemos nem o problema.

— Você é do PCC?

— Mais que isso, eu sou um sinal de novos tempos. Eu era pobre e invisível... vocês nunca me olharam durante décadas... E antigamente era mole resolver o problema da miséria... O diagnóstico era óbvio: migração rural, desnível de renda, poucas favelas, ralas periferias... A solução é que nunca vinha... Que fizeram? Nada. O governo federal alguma vez alocou uma verba para nós? Nós só aparecíamos nos desabamentos no morro ou nas músicas românticas sobre a "beleza dos morros ao amanhecer", essas coisas... Agora, estamos ricos com a multinacional do pó. E vocês estão morrendo de medo... Nós somos o início tardio de sua consciência social... Viu? Sou culto... Leio Dante na prisão...

— Mas... a solução seria...

— Solução? Não há mais solução, cara... A própria idéia de "solução" já é um erro. Já olhou o tamanho das 560 favelas do Rio? Já andou de helicóptero por cima da periferia de São Paulo? Solução como? Só viria com muitos bilhões de dólares gastos organizadamente, com um governante de alto nível, uma imensa vontade política, crescimento econômico, revolução na educação, urbanização geral; e tudo teria de ser sob a batuta quase que de uma "tirania esclarecida", que pulasse por cima da paralisia burocrática secular, que passasse por cima do Legislativo cúmplice (ou você acha que os 287 sanguessugas vão agir? Se bobear, vão roubar até o PCC...) e do Judiciário, que impede punições. Teria de haver uma reforma radical do processo penal do País, teria de haver comunicação e inteligência entre polícias municipais, estaduais e federais (nós fazemos até *conference calls* entre presídios...). E tudo isso custaria bilhões de dólares e implicaria uma mudança psicossocial profunda na estrutura política do país. Ou seja: é impossível. Não há solução.

— Você não têm medo de morrer?

— Vocês é que têm medo de morrer, eu não. Aliás, aqui na cadeia vocês não podem entrar e me matar... mas eu posso mandar matar vocês lá fora... Nós somos homens-bomba. Na favela tem cem mil homens-bomba... Estamos no centro do insolúvel, mesmo... Vocês no bem e eu no mal e, no meio, a fronteira da morte, a única fronteira. Já somos uma outra espécie, já somos outros bichos,diferentes de vocês. A morte para vocês é um drama cristão numa cama, no ataque do coração. A morte para nós é o presunto diário, desovado numa vala... Vocês, intelectuais, não falavam em luta de classes, em "seja marginal, seja herói"? Pois é: chegamos, somos nós! Ha, ha... Vocês nunca esperavam esses guerreiros do pó, né?

Eu sou inteligente. Eu leio, li 3 mil livros e leio Dante... mas meus soldados todos são estranhas anomalias do desenvolvimento torto desse país. Não há mais proletários, ou infelizes ou explorados. Há uma terceira coisa crescendo aí fora, cultivada na lama, se educando no absoluto analfabetismo, se diplomando nas cadeias, como um monstro Alien escondido nas brechas da cidade. Já surgiu uma nova linguagem. Vocês não ouvem as gravações feitas com autorização da Justiça? Pois é. É outra língua. Estamos diante de uma espécie de pós-miséria. Isso. A pós-miséria gera uma nova cultura assassina, ajudada pela tecnologia, satélites, celulares, internet, armas modernas. É a merda com *chips*, com *megabytes*. Meus comandados são uma mutação da espécie social, são fungos de um grande erro sujo.

— O que mudou nas periferias?

— Grana. A gente hoje tem. Você acha que quem tem 40 milhões de dólares como o Beira-Mar não manda? Com 40 milhões a prisão é um hotel, um escritório... Qual a polícia que vai queimar essa mina de ouro, tá ligado? Nós somos uma empresa moderna, rica. Se funcionário vacila, é despedido e jogado no microondas... Ha, ha... Vocês são o Estado quebrado, dominado por incompetentes. Nós temos métodos ágeis de gestão. Vocês são lentos e burocráticos. Nós lutamos em terreno próprio. Vocês, em terra estranha. Nós não tememos a morte. Vocês morrem de medo. Nós somos bem armados. Vocês vão de três-oitão. Nós estamos no ataque. Vocês, na defesa. Vocês têm mania de humanismo. Nós somos cruéis, sem piedade. Vocês nos transformam em *superstars* do crime. Nós fazemos vocês de palhaços. Nós somos ajudados pela população das favelas, por medo ou por amor. Vocês são odiados. Vocês são regionais, provincianos. Nossas armas e produto vêm de fora, somos globais. Nós não esquecemos de vocês, são nossos fregueses. Vocês nos esquecem assim que passa o surto de violência.

— Mas o que devemos fazer?

— Vou dar um toque, mesmo contra mim. Peguem os barões do pó! Tem deputado, senador, tem generais, tem até ex-presidentes do Paraguai nas paradas de cocaína e armas. Mas quem vai fazer isso? O Exército? Com que grana? Não tem dinheiro nem para o rancho dos recrutas... O País está quebrado, sustentando um Estado morto a juros de 20% ao ano, e o Lula ainda aumenta os gastos públicos, empregando 40 mil picaretas. O Exército vai lutar contra o PCC e o CV? Estou lendo o Klausewitz, *Sobre a guerra*. Não há perspectiva de êxito. Nós somos formigas devoradoras, escondidas nas brechas... A gente já tem até foguete antitanques... Se bobear, vão rolar uns Stingers aí...Pra acabar com a gente, só jogando bomba atômica nas favelas... Aliás, a gente acaba arranjando também "umazinha", daquelas bombas sujas mesmo.... Já pensou? Ipanema radioativa?

— Mas... não haveria solução?

— Vocês só podem chegar a algum sucesso se desistirem de defender a normalidade". Não há mais normalidade alguma. Vocês precisam fazer uma autocrítica da própria incompetência. Mas vou ser franco... na boa... na moral... Estamos todos no centro do insolúvel. Só que nós vivemos dele e vocês... não têm saída. Só a merda. E nós já trabalhamos dentro dela. Olha aqui, mano, não há solução. Sabem por quê? Porque vocês não entendem nem a extensão do problema. Como escreveu o divino Dante: "Lasciate ognasperanza voi che entrate!" (Percam todas as esperanças. Estamos todos no inferno).

Referências Bibliográficas

AINSWORTH, M.D. **The development of infant-mother attachment.** University of Chicago Press: Chicago, 1962 .p 1 — 94.
BITENCOURT, Cezar Roberto. **Juizados especiais criminais.** São Paulo: RT, 1996.
BOBBIO, Norberto. **A era dos direitos.** São Paulo: Brasiliense, 1994.
BOWLY, P. SALTER-AINSWORTH, M. apud FELDMAN, H. **Comportamiento criminal.** México: Fondo de cultura económica, 1977.
BRUNO, Aníbal. **Direito penal.** Rio de Janeiro: Forense, 1967.
BURGESS. CONGER. Family interaction in abusive neglectful and normal families. San Franscico: Jossey-Bass, 1978.
DUNCAN. DUNCAN. **Murder in family: a study of some homicidal adolescents.** American Journal of Psychiatry. 127. New Orleans, 1971. p. 74-78
DUNCAN. FRAZIER. LITIN. **Etiological factors in first degree murder.** Journal of American Medical Association. 168. New York, 1958, pp. 1755-1758.
ENGELAND. SROUFE. **Development sequelea of maltreatment in infancy :** Developmental perspectives of child maltreatment. San Franscico: Jossey-Bass, 1981.
FELDMAN, H. **Comportamiento criminal.** México: Fondo de cultura económica, 1977.
FRAGOSO. Heleno C. **Lições de direito penal.** Rio de Janeiro: Forense, 1985.
GERNSTER. COSTER. WEISS. **Communicative behavior and symbolic play in maltreated toddlers.** Massachussets: Department of psychology — Harvard University Review, 1983.
GEORGE. MAIN. **Social interactions of Young abused children:** approach avoidance and aggression. San Francisco: Child development, 1979.
GOLDFARB, W. Effects of early institutional care on adolescent personality. Grune and Straton: New York, 1943
GOMES, Luiz Flávio. **Suspensão condicional do processo penal.** São Paulo: RT, 1995.

GUARAGNI, Fábio André. Suspensão condicional do processo segundo a lei 9.099/95. In: KUEHNE, Maurício et all. **Lei dos juizados especiais criminais**. Curitiba: Juruá, 1996.

HIRSCHI. **Causes of deliquency**. California: University of California Press, 1969.

KELLAM, S. ADAMS, R. BROWN, H. et al. **The long term evolution of the family structure of the teenage and older mothers**. Journal of marriage and the family 44. pp 59-554. Ohio, 1982.

KELLAM, S. ENSMINGER, M. TURNER, J. **Family structure and the mental health of children**. Archives of general psychiatry 34, p. 1012-1022, Ohio, 1977.

KING. **The ego and the integration of violence in homicidal youth**. American Journal of Orthopsychiatry 45: South Lake : 1975. p. 134-145.

KUEHNE, Maurício. Anotações sumárias à Lei 9.099, de 26/09/95. In: KUEHNE, Maurício et all. **Lei dos juizados especiais criminais**. Curitiba: Juruá, 1996.

MARCHIORI, Hilda. **Psicologia criminal**. México: Editorial Porrua, 1980.

MARK. TROJANOWICZ. ROBERT. **Policing and fear of crime**. Miami: Revista del Instituto de Justicia de los Estados Unidos., 1988.

MAYRA, Buvinic. ANDREW, Morrison. MICHAEL, Shifter. **A violência na América Latina e no Caribe**: um marco de referencia para ação. Banco Internacional de Desenvolvimento. Série de informativos técnicos do departamento de desenvolvimento sustentável. Nova Iorque: 1992. Edição em Português

MESSUTI, Ana. **O tempo como pena**. São Paulo: RT, 2003.

MOORE, Mark. H. **Controling criminogenic commodities**: drugs, guns and alcohol. San Francisco: ICS Press, 2000.

MURRAY. The phsysical environment and community control of crime. Washington: James Wilson, 1998.

NEWMAN, Oscar. **Defensible space**: crime prevention through urban design. New York: MacMillan Press, 1972.

NORONHA, E. Magalhães. **Direito penal**. São Paulo: Saraiva, 1985.

PATTERSON, G. **Coercitive family process**. Oregon : Casta Publishing Co, 1982.

PRADO, Luiz Regis. **Bem jurídico-penal e constituição**. 3. ed. São Paulo: RT, 2004.

PROVENCE, S. LIPTON, R.S. **Infants in institutions**. New York International University Press: New York, 1962.

Report of the secretary general on crime prevention and control, 1977. U.N. Report A/32/199. 22 Set. 1986 *in* WILSON, Véase James Q. HERRNSTEIN, Richard J. **Crime and human nature**. Simon and Shuster: New York, 1986.

ROTH, Laurence. ROTH, Spalter. **Relatório Laurence e Spalter Roth**. Banco Internacional de Desenvolvimento. Série de informativos técnicos do departamento de desenvolvimento sustentável. Nova Iorque: 1992. Edição em Português.

ROXIN, Claus. **Problemas fundamentais de direito penal**. Lisboa: Veja, 1986.

RUTTER. **Family, area and school influences in the genesis of conduct disorders, agression and antisocial behavior in childhood and adolescence**. Oxford: Pergamon Press, 1978.p. 95-113.

SHELLEY, Louise. **Crime and modernaization**: The impact of industrialization and urbanization on crime. Siu Press: New York, 1981.

SKOGAN. WESLEY. **Fear of crime and neighborhood change**. Chicago: Chigago University Press, 1986.

SPINETA. RIGLER. **The child abusing parent**: a psychological review. Massashussets: Psychological Publish, 1972.

STEWART, James K. Notes of director del Instituto Nacional de Justicia. **Miami**: Revista del Instituto de Justicia de los Estados Unidos. , 1989.

TASSE, Adel El. **Investigação preparatória**. Curitiba: Juruá, 1998.

TAVARES, Juarez. **Teorias do delito**: variações e tendências. São Paulo: RT, 1980.

TOLEDO, Francisco de Assis. **Princípios básicos de direito penal**. São Paulo: Saraiva, 1986.

WILSON , Véase James Q. HERRNSTEIN, Richard J. **Crime and human nature**.

ZAFFARONI, Raul Eugênio. **Em busca das penas perdidas**. Revan: Rio de Janeiro, 1991.

_____. **Tratado de derecho penal**. Buenos Aires: Ediar, 1982

ZULGADIA EPINAR, Jose M. **Fundamentos del derecho penal**. Granada: Universidad de Granada , 1985.

ECO*graf*
imprimiu pelo processo de escaneamento
Rua Costa, 35 – Consolação – São Paulo-SP
ecograf.grafica@terra.com.br
Fone: (11) 3259-1915